Schulgottesdienste
mit
Religionsunterricht praktisch

Entwürfe und Modelle für Grundschule und Sonderschule (Klasse 1–4)

– Band 2 –

Herausgegeben
von Hans Freudenberg

Erarbeitet von:
Anita Backhaus, Gudrun Baie, Joachim Bulla, Ernie Burchardt, Gerhard Finger, Sabine und Hans Freudenberg, Inge Hofmann, Brigitte Käseborn, Dörte Kalies, Jutta Karrasch, Eleonore Köster, Hilde Korthaus, Siegfried Krüger, Bärbel Kuhlmann, Martina Langner, Heike Lohmann, Inge Pfeifer, Ulrike Pinnow, Ernst Polte, Peter Rasmus, Barbara Schauwecker, Hildegard Schmitz, Juliane Schumacher, Ingrid Sommer, Erika Springer, Ingrid Stadtsholte, Jutta Stinshoff, Beate Voges, Helga Westerholz
Graphik: Siegfried Krüger und Mike Fischer

Vandenhoeck & Ruprecht

Die Deutsche Bibliothek – CIP Einheitsaufnahme

Schulgottesdienste mit Religionsunterricht praktisch: Entwürfe und Modelle für Grundschule und
Sonderschule (Klasse 1–4) / hrsg. von Hans Freudenberg. – Göttingen: Vandenhoeck und Ruprecht.
NE: Freudenberg, Hans [Hrsg.]
Bd. 2. Erarb. von: Anita Backhaus ... Graphik: Siegfried Krüger und Mike Fischer. – 1995
ISBN 3–525–61338–5
NE: Backhaus, Anita

Satz: Text & Form, Pohle
Druck und Bindearbeiten: Hubert & Co., Göttingen

Inhalt

Vorwort

In Band 1 von „Schulgottesdienste mit Religionsunterricht praktisch", Göttingen 1994, hatten wir die Akzente auf die Themen Einschulung, Senfkorn, Dritte Welt, Schöpfung, Reformation/Kirche und Advent/Weihnachten gelegt. Diese Entwürfe berücksichtigen im wesentlichen das Schul- und Kirchenjahr zwischen Schul(jahres)beginn und Weihnachten.

Der hier vorgelegte 2. Band mit 13 weiteren Schulgottesdienst-Beispielen schließt inhaltlich an Band 1 an, indem er Feste und Themen zwischen Passion und Schulentlassung zusammenstellt. Schul- bzw. kirchenjahresspezifisch sind die Entwürfe 1 („Ein Kreuz wird zum Lebensbaum"), 12 („Unter Gottes weitem Schirm") und 13 („Sei mit uns auf unseren Wegen"). – Andere Beispiele sind offener und können prinzipiell auch einem anderen als dem hier vorgeschlagenen Ort im Kirchen- bzw. Schuljahr zugewiesen werden. Dies gilt sowohl für die Entwürfe, die das Thema „Gemeinschaft" in den Mittelpunkt stellen (Nr. 3, 5, 8, 11) als auch für die an Symbolen orientierten Modelle:

- Hirte (Nr. 2)
- Teppich (Nr. 3)
- Hand (Nr. 4)
- Mobile (Nr. 5)
- Regenbogen (Nr. 9)
- Brücke (Nr. 11)

Auch für die in diesem Band zusammengestellten Modelle gilt das früher Gesagte:

- sie verdanken ihre Entstehung der Werkstattarbeit in einem ökumenischen Arbeitskreis und z.T. mehrmaliger praktischer Erprobung;
- sie zielen auf ganzheitliche spirituelle Erfahrung;
- sie haben Mittlerfunktion zwischen Schule/Religionsunterricht und Kirche;
- sie stellen Kinder und ihre Schul- und Lebenssituation in den Mittelpunkt, auch durch Handlungsorientierung und die Einladung zu tätiger Teilnahme;
- sie bemühen sich um ökumenische Weite;
- sie haben Angebotscharakter und sind offen für ortsbezogene Modifikationen.

Zur Erhöhung der inhaltlichen und formalen Transparenz und Lesbarkeit sind die Modelle nach einem gleichbleibenden Prinzip aufgebaut, das sich schon in Band 1 bewährt hat:

- Kurzinhalt
- Thematisches Stichwort
- Biblischer Bezug
- Zentrale Idee
- Bezug zum Unterricht
- Technische Vorarbeiten
- Verlaufsplanung (z.T. mit Varianten und Alternativen)
- ggf. Anlagen.

Der *Anhang* enthält neben Lieder-, Stichwort- und Abkürzungsverzeichnis zwei Kapitel, die für alle von unmittelbarer Bedeutung sind, die Schulgottesdienste planen und verantworten:

a) Ein *Literaturverzeichnis* mit ausgewählter neuerer Literatur liefert viele Hinweise zur Weiterarbeit, zur Vertiefung und benennt weitere Modelle.

b) Die Dokumentation der *Rechtsgrundlagen* für den Schulgottesdienst in den verschiedenen Bundesländern will allen Beteiligten eine Orientierungshilfe an die Hand geben. Sie kann Unklarheiten ausräumen und zeitaufwendige Recherchen vermeiden helfen. Verfügungen und Erlasse sind bis Herbst 1994 berücksichtigt. Dankbar sind wir, wenn Sie uns auf mögliche Änderungen, Aktualisierungen und Ergänzungen (mit Quellenangaben) aufmerksam machen.

Die häufigen Hinweise auf „Religionsunterricht praktisch. Unterrichtsentwürfe und Arbeitshilfen für die Grundschule, 1.–4. Schuljahr, Vandenhoeck & Ruprecht, Göttingen – 4. Aufl. 1994", sollen dazu anregen, Schulgottesdienste nicht als Inseln zu sehen, sondern in ihrer organischen Beziehung zum Lebensraum Schule und zum Religionsunterricht.

Unser Ansatz und Verständnis von Schulgottesdienst ergibt sich praktisch aus den hier vorgelegten Entwürfen; sie sind jedoch im Kontext dessen zu lesen, was wir in den einführenden Überlegungen in Band 1, S. 9ff, ausgeführt haben. Insbesondere verweisen wir hier auf die Teilkapitel

3. Kleine Didaktik des Schulgottesdienstes	– Fest und Alltag, feiern und arbeiten (lernen)
	– Wechselspiel von Alltagserfahrungen und Gottesdienst, von (gegenwärtigem) Leben und (überliefertem) Glauben
	– Ganzheitlichkeit des Lebens und Leibhaftigkeit des Glaubens
	– Gemeinschaft erleben und einüben
	– Schulgottesdienst als Oase und Tankstelle
	– Ganzheitlichkeit
	– Biblische Mitte
	– Kindgemäßheit
	– Tätige Teilnahme
	– Gemeinschaft
	– Liturgie
	– Verbindung von Schulgottesdienst und Alltag.
4. Anforderungen an die Vorbereitung und Durchführung von Schulgottesdiensten	– Häufigkeit
	– Absprache
	– Atmosphäre
	– Verbindung zur Schule und zum Alltag
5. Aktions- und Vermittlungsformen	– Spielen
	– Bewegen
	– Symbole
	– Symbolhandlungen
	– Bilder
	– Singen und Musizieren.

Auch in diesem 2. Band sind – kostenbedingt – nicht alle Lieder ausgedruckt. Wenn ein Lied in einer der nachfolgend genannten, leicht zugänglichen Quellen enthalten ist, haben wir auf einen Abdruck verzichtet:

- Religionsunterricht praktisch, Bd. 1–4
- Schwerter Liederbuch (Bestellanschrift: Verlag BDKJ, Domplatz 3, 33098 Paderborn; Preis: brosch. DM 15,00, kart. DM 18,00)
- Evangelisches Kirchengesangbuch (EKG) bzw. Evangelisches Gesangbuch (EG).

Zu danken ist allen, die die nachstehenden Modelle mit entwickelt und praktisch erprobt haben, sowie den Kindern und Erwachsenen, die Zeichnungen und Graphiken beigesteuert haben.

Eine Legende berichtet, Gott habe im Stern nicht nur Hirten und Magier (sic!) den Weg zum Jesuskind gezeigt, sondern er habe auch überall, wo die Strahlen des Sternes von Bethlehem die Erde berührt haben, eine Blume mit großer, weißer Blüte und dunkelgrünen Blättern wachsen lassen: die Christrose. Sie sollte auch noch anderen den Weg zeigen, die Christus suchen.

(K. Baumgartner, aus: Prediger und Katechet 1/77, S. 107f)

Könnte es sein, daß Schulgottesdienste manchmal wie Christrosen sind?

Rückmeldungen, Anregungen, Hinweise, Kritik erbitten wir an folgende Adresse:
Evangelischer Kirchenkreis Unna – Schulreferat –
Mozartstr. 18–20, 59423 Unna.

Hans Freudenberg

Modelle
Die Entwürfe im Überblick

Thema	Inhalt	Bibel	Bezug zum Kirchen-/ Schuljahr/RU	Zentrales Symbol	Vermittlungs- form	Aktionen und Symbole
1. Ein Kreuz wird zum Lebensbaum	Ein Kreuz, Sinnbild des Todes, wird zum Träger neuen Lebens	Passion/Ostern	– Nach den Oster-ferien	Ein Kreuz aus Ästen	Rollenspiel	Sch. schmücken das Kreuz mit Blumen: Der Baum des Todes wird zum „Le-bensbaum"
2. Der gute Hirte	An der Figur des „Guten Hirten" (Ps 23/Lk 15) entdecken Sch. wesentliche Züge der Person Jesu (Verlorenes suchen – Wege begleiten).	Ps 23 Lk 15 (Joh 10)	– Ps 23 – Der gute Hirte (Lk 15) – Jesus – Schulentlassung	Hirte/Hirtenland-schaft	Erzählung/Tanz/ Kurzpredigt	In einer Hirten-landschaft mit den Namens-schäfchen der Kinder wird das Bild von Jesus als dem „guten Hirten" symbo-lisch verdichtet
3. Miteinander verwoben sein	Paulus, der Teppich-weber, verdeutlicht im Bild des Teppichs, wie Teile und Ganzes, einzelne(r) und Ge-meinschaft aufeinan-der angewiesen sind und zusammengehö-ren. Kettfäden und Rahmen verweisen auf Christus, der die bunte Vielfalt hält und trägt.	1.Kor 12,12ff	– Kirche/Gemein-de/Gemeinschaft – Schulanfang – Einschulung – Sammlung u. Ausbreitung d. Gemeinde – Miteinander leben... – Anfangen: Wir lernen uns sehen	Teppich	Erzählung des Paulus (mit Web-stuhl)	Sch. weben aus Stoffstreifen einen Teppich

Thema	Inhalt	Bibel	Bezug zum Kirchen-/Schuljahr/RU	Zentrales Symbol	Vermittlungs-form	Aktionen und Symbole
4. Gottes Hände halten mich	Hände werden in ihrer Vielseitigkeit u. Symbolkraft erschlossen und auf den Aspekt der Geborgenheit (–> Gottes Hände) hin ausgelegt.	Mk 10 (Kindersegnung) u.a. Segensgeschichten	– Abraham – Kindersegnung – Ps 23 – Menschen gehen neue Wege – Miteinander leben – Schöpfung: In Gottes Händen ist das Leben geborgen	Hand	Schattenspiel am TP: Was unsere Hände können – Besinnung: Wir haben Hände	Ein Gemeinschaftsbild mit Händen (Tonpapier) faßt zusammen: – Hände, für die ich dankbar bin – Kummer, den ich in Gottes Hände schreiben möchte ...
5. Wie ein Mobile – gehalten und verbunden sein	Ein Mobile (mit den Schattenumrissen von Sch., L., Mutter etc.) wird als Sinnbild für Gemeinschaft, Verbundenheit und Individualität erschlossen.	1.Kor 12,12ff	s. Entwurf Nr. 3	Mobile	Gespräch – Deutende Ansprache/ Transfer	Ein Mobile, durch ein Kreuz gehalten, trägt als Schattenrisse die Köpfe verschiedener Kinder und Erwachsener
6. „Schwester Lerche" und „Bruder der Spatz" – Eine Predigt für Vögel –	Parallel zur Begegnung mit dem Sonnengesang entsteht ein Zentralbild mit Franz und den Symbolen der einzelnen Strophen.	Schöpfung (Ernte) Dank	– Schöpfung – (Ernte) Dank	Zentralbild zum Sonnengesang	Sprechspiel	Sch. beschreiben/ bemalen vorbereitete Papier-Vögel („Worüber wir staunen", „Wofür wir Gott loben können") und fügen diese in das Gemeinschaftsbild ein

Thema	Inhalt	Bibel	Bezug zum Kirchen-/ Schuljahr/RU	Zentrales Symbol	Vermittlungs- form	Aktionen und Symbole
7. „Ninive soll leben"	Jonas Geschichte und der „Jona in uns".	Jona	Jona	Stadttor Ninive mit – Mißständen – positiven Veränderungen	Szenisches Spiel + Orff	Brot teilen und weitergeben (= Zeichen der Gemeinschaft und des Lebens)
8. Kirche: Ein Haus aus vielen bunten Steinen	Aus vorbereiteten Bausteinen (= bemalte/beschriftete Kartons) entsteht ein offenes Haus (= Kirche) mit Fundament, Mauern und Dach.	1.Petr 2,4ff	– Kirche – Symbol „Haus"	Kirchengebäude aus bemalten/ beschrifteten Kartons	Bauen – Singen – Deuten	s. Inhalt
9. Regenbogen – Hoffnungszeichen	Ein grüner Zweig (= Symbol des neuen, wiedererwachenden Lebens) erzählt die Noah-Geschichte als Hoffnungs- und Lebensgeschichte.	Gen 6–9 i.A.	– Noah – Schöpfung – Erntedank	Ein grüner Zweig/ Regenbogen	Szenisches Spiel (mit einem grünen Zweig)	Sch. notieren auf grünen Blättern Selbstverpflichtungen („Was ich …tun kann") und stellen diese zur Farbe „grün" im Regenbogen zusammen
10. Am Brunnen des Lebens (Joh 4)	Die Begegnung mit Brunnen in heutiger und in biblischer Zeit bereitet den Zugang zu Joh 4 vor: Jesus und Brunnen und	Joh 4 (Jesus und die Samariterin am Jakobsbrunnen)	Brunnen in biblischen Erzählungen, z.B. Mose – Abraham –Josef – Damals in Kapernaum	Brunnen	Sprechspiel Erzählpantomime	Sch. heften beschriftete Wassertropfen (Tonpapier) auf die Brunnenwand „Wonach ich Durst habe" –

Thema	Inhalt	Bibel	Bezug zum Kirchen-/Schuljahr/RU	Zentrales Symbol	Vermittlungs-form	Aktionen und Symbole
	Quelle, aus dem/der man schöpfen und den Durst nach Leben/Liebe/Sinn stillen kann.		– Kinder in anderen Ländern (Alme/Kamerun)			„Brunnen, aus denen ich schöpfe ..."
11. Eine Brücke läßt uns bauen	Die Steine der Selbstsucht und des Hochmuts aus der Turmbaugeschichte werden im Horizont von Luthers reformatorischer Entdeckung zu Bausteinen einer Versöhnungsbrücke.	Gen 11 und Röm 3,21-24	– Kirche – Reformation – Bibel – Symbol „Stein" – Symbol „Brücke"	Stein(e)/Turm/Brücke	Erzählung, begleitet durch Symbolhandlung, Lied, Musik	Eine Versöhnungsbrücke bauen
12. Unter Gottes weitem Schirm	Ein großer „Schirm" aus farbigen Kreppbändern wölbt sich über den Entlaßschülern und stellt den kommenden Lebensabschnitt unter Gottes Schutz.	Ps 91 i.A.	Schulentlassung	Schirm	Sprechszene und Schirmsegmente zu „Was alles 'Schirm' sein kann"	Sch. eines 2. Schuljahres oder Eltern entfalten die von der Decke hängenden Kreppbänder schirmförmig. Die Entlaßschüler treten unter den „Schirm"

Thema	Inhalt	Bibel	Bezug zum Kirchen-/ Schuljahr/RU	Zentrales Symbol	Vermittlungs- form	Aktionen und Symbole
13. Sei mit uns auf unseren Wegen	An der Nahtstelle zwischen GS und weiterführender Schule werden vergangene Wege erinnert und die kommenden unter den Segen des mitgehenden Gottes gestellt.	Ps 23 Abraham	Schulentlassung	Wegbild	Bild	In das Wegbild werden nach und nach in Form von Symbolen und Schriftkärtchen eingebaut: – Erinnerungen – Hoffnungen und Ängste – „Nützliches" für die kommenden Wege

1 | Ein Kreuz wird zum Lebensbaum (Passion – Ostern)

Kurzinhalt:
– Lied „Du hast uns, Herr, gerufen"
– Begrüßung – Hinweise zum Gottesdienst
– Lied „Als Jesus gestorben war"
– Rollenspiel 1: Die traurigen, mutlosen Jünger erinnern sich
– Klagepsalm (nach Ps 88)
– Rollenspiel 2: Die Lebensbotschaft der Frauen verwandelt die Jünger
– Lied „Wir wollen alle fröhlich sein"
– Aktion: Ein Kreuz wird zum Lebensbaum
– Kurzansprache
– Osterruf
– Gebet – Vaterunser
– Segen – Segenslied

Thematisches Stichwort

Ostern läßt das Kreuz zum Hoffnungs- und Lebensbaum werden, zum Zeichen des Lebens, das stärker ist als der Tod.

Biblischer Bezug

Mt 28, 1-8 parr.

Zentrale Idee

Ein Kreuz, Sinnbild des Todes und der verloschenen Hoffnungen, wird zum Träger neuen Lebens. Die das Kreuz schmückenden Blumen machen Karfreitag nicht rückgängig. Das Kreuz bleibt Kreuz, doch es verliert seinen Endgültigkeitscharakter.

Die Osterbotschaft von Gottes lebensstiftender, erneuernder Liebe besiegelt den Tod. Sie verwandelt den Baum des Todes in einen Lebensbaum und läßt bei den Frauen und den mutlosen Jüngern neue Hoffnung auf „blühen".

Bezug zum Unterricht

Unmittelbarer Anknüpfungspunkt für diesen Gottesdienst ist die unterrichtliche Auseinandersetzung mit den Themen „Passion" und „Ostern". „Religionsunterricht praktisch" sieht deren Behandlung sowohl im 1. Schuljahr („Ostern: Ein Fest der Freude über das Leben", S. 122ff) wie im 2. Schuljahr („Passion: Jesu Weg zum Kreuz", S. 116ff – „Ostern: Mit den Jüngern unterwegs – Ostern entdecken", S. 128ff) und im 4. Schuljahr („Tod und Auferstehung Jesu: Leben wird es geben", S. 101ff (4. Aufl., S. 115ff) vor. – Gleichwohl bietet sich wegen der spezifischen Vorarbeiten eine Anknüpfung an den RU des 4. Schuljahres an.

Diese Schüler können sich u.a. mit folgenden z.T. vorbereiteten Beiträgen an der Gottesdienstgestaltung beteiligen:
– Lieder/Liedauswahl
– Rollenspiele
– Vorbereitung des Kreuzes (s.u.)

Schul- bzw. kirchenjahreszeitliche Einordnung

Nach den Osterferien

Technische Vorarbeiten

Besorgt bzw. bereitgestellt werden müssen:

– Kreuz aus zwei ca. 4 cm starken Ästen (ø) – ca. 240 cm und 160 cm – zusammenbinden und anschließend großzügig (nicht zu eng) zweimal mit grün ummanteltem feinmaschigem Draht (Kaninchendraht) umwickeln.
Das Kreuz wird im Chorraum sodann in einem größeren Eimer mit feuchtem Sand und Steinen fixiert.
Sand und Steine können mit Blumenerde abgedeckt werden, in die ggf. später Primeln, Stiefmütterchen etc. eingepflanzt werden.
Für das Zuschneiden des Drahtes benötigen Sie eine starke Schere bzw. Zange.
– Blumen zum Schmücken des Kreuzes → Lebensbaum, z.B. Tulpen, Nelken, Forsythien, Weidenkätzchen, Grünzeug etc. (Blumengeschäfte geben nach vorheriger Absprache „Restblumen" zumeist kostenlos ab).
Die Blumen sollten den Kindern nicht schon zu Beginn des Gottesdienstes ausgehändigt werden, sondern in Körbchen – nach Länge und Farbe sortiert – vor dem Kreuz bereitstehen.
– Kirchentagskartons
– TP (zum Anstrahlen des geschmückten Kreuzes).

Verlauf

Lied „Du hast uns, Herr, gerufen ..." (s. Religionsunterricht praktisch 3, S. 52) oder Instrumentalstück (Flötengruppe o.ä.)

Begrüßung/Hinweise zum Thema/zum Gottesdienst: (z.B. Beobachtungen zum Plakat, zum Kreuz etc.)

Lied(str.) „Als Jesus gestorben war" (s. Schwerter Liederbuch, Nr. 136)

Überleitende Gedanken mit Verweis auf das noch nicht geschmückte Kreuz: Woran uns das Kreuz erinnert – Sch. bringen ein, was sie vom Leiden und Sterben Jesu gehört haben. – Kruzifix in der Kirche und an Wegrändern. – Wo heute Menschen „ihr Kreuz zu tragen" haben / „aufs Kreuz gelegt werden" ...

Rollenspiel 1: Die traurigen, mutlosen Jünger erinnern sich
Kulisse: Im Halbrund um das Kreuz aufgestellte Kirchentagskartons, die auf der der Gemeinde zugewandten Seite schwarz beklebt oder schwarz angemalt sind. Vor den eine enge, dunkle Mauer bildenden Kartons nehmen einige Schüler Aufstellung. Sie sind in dunkle Tücher gehüllt (darunter tragen sie helle Gewänder s. u.). Schwache Beleuchtung.

Die in sich gekehrten, traurigen Jünger sprechen, vor den dunklen Kartons stehend, einzelne Voten; Tenor:
- „Jesus ist tot. Ich bin sehr traurig.“
- „Das hat Jesus nicht verdient. Er ist doch zu allen gut gewesen.“
- „Ohne Jesus hat mein Leben keinen Sinn mehr.“
- „Was sollen wir noch hier in Jerusalem? Ich gehe in meine Heimat am See zurück.“
- ...

Möglich ist auch, das Spiel durch eine Aktion mit Seifenblasen zu rahmen („So wie diese Seifenblasen zerplatzen, sind auch unsere Hoffnungen mit dem Tod von Jesus geplatzt ...“).

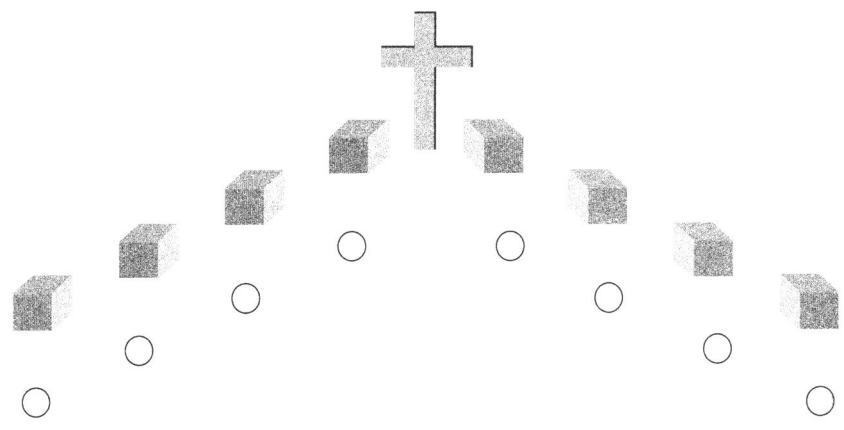

Ergänzung: Die „Jünger“ hängen am Ende ihres jeweiligen Votums ein kleines Pappkreuz an das große Kreuz.

Klagepsalm (nach Psalm 88)

Psalm 88

Spr. 1   Gott, ich bin traurig,
         hast du mich vergessen?

Alle   Gott, ich rufe: Erbarme dich!
                Öffne deine Ohren und hör mein Schreien.

Spr. 2   Keiner will mich hören.
         Ich rufe zu dir.
         Ich mag nicht mehr leben,
         ich bin wie tot.

Alle: Gott, ich rufe: Erbarme dich!
                Öffne deine Ohren und hör mein Schreien.

Spr. 3   Meine Freunde wenden sich ab von mir.
         Meine Kräfte schwinden,
         ich kann nicht mehr.

Alle   Gott, ich rufe: Erbarme dich!
                Öffne deine Ohren und hör mein Schreien.

Spr. 4   Dunkelheit ist um mich,
         ich habe Angst.
         Wohin soll ich gehen,
         läßt du mich allein?

Alle   Gott, ich rufe: Erbarme dich!
                Öffne deine Ohren und hör mein Schreien.

(aus: J. Koerver u.a., Hg., Sagt Gott, wie wunderbar er ist. Alte und neue Psalmen zum Sprechen und Singen, Verlag Junge Gemeinde, Leinfelden-Echterdingen, 2. Aufl. 1995, S. 47)

Ggf. überleitendes Flöten- oder Xylophonspiel – Melodie „Zu Ostern in Jerusalem ...“

Rollenspiel 2: Die Lebensbotschaft der Frauen verwandelt die Jünger.
    „Jünger" kehren in ihre vorherigen Positionen zurück (s.o.). Aus dem Kirchenschiff kommen drei „Frauen" fröhlich, ggf. singend in den Chorraum (helle Gewänder) und nehmen den Jüngern gegenüber Aufstellung (s. nächste Seite).
    Denkbare Voten der Frauen: „Was wir erlebt haben ...!" – „Ihr müßt nicht mehr traurig sein – Jesus lebt!" – „Er ist nicht tot." – „Das Grab ist leer, der Stein ist weggewälzt ...“
    Die Frauen schmücken als erste das Kreuz mit Blumen.

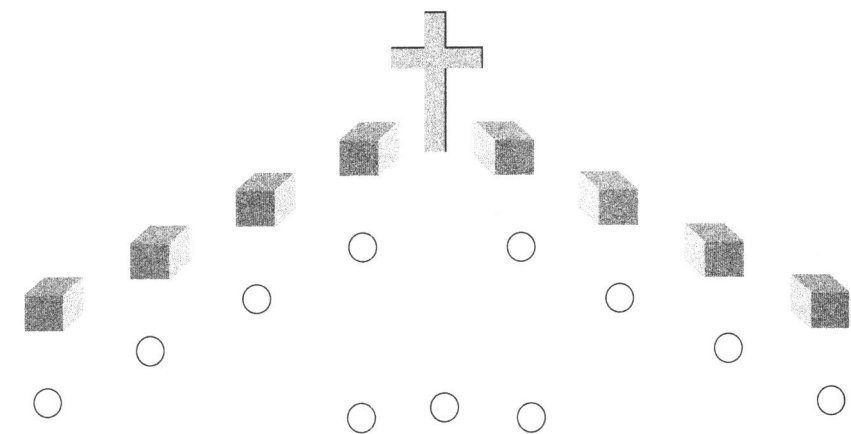

Langsam legen die „Jünger" nacheinander ihre dunklen Gewänder ab, unter denen helle Gewänder (s.o.) zum Vorschein kommen.

Gesprächseinschub von zwei Jüngern (Skizze):
„Jetzt erinnere ich mich. – Auch unsere Väter haben solche Hoffnungsbilder gemalt: ‚Aus dem Baumstumpf Isais wird ein Sproß wachsen, ein neuer Trieb aus seinen Wurzeln wird Frucht bringen.'" (Jes 11,1 – Die gute Nachricht). Und ein anderer ergänzt: „Ich kenne auch solch ein Mutmach-Bild vom Baum: ‚Im Baum lebt Hoffnung. Wenn man ihn fällt, schlägt er von neuem aus. Selbst wenn seine Wurzeln in der Erde altern, der Stumpf im Boden abstirbt – er muß nur ein wenig Wasser spüren, dann treibt er wie ein junges Bäumchen.'" (nach Hi 14,7-9).

Das Licht im Chorraum wird heller.

Auch die „Jünger" schmücken das Kreuz. – Sie drehen die Kirchentagskartons um, so daß die helle Seite sichtbar wird und rücken die Kartons auseinander (Überwindung der Enge – Gewinnung von Weite ...).

Lied

2. Es ist erstanden Jesus Christ,
   der an dem Kreuz gestorben ist,
   dem sei Lob, Ehr zu aller Frist.

3. Er hat zerstört der Höllen Pfort
   und all die Sein' herausgeführt
   und uns erlöst vom ewgen Tod.

(EKG 82/EG 100)

Überleitung zur Aktion: Sch. werden aufgefordert, es den Frauen und Jüngern gleichzutun, sich aus den Körbchen eine Blume zu nehmen und das Kreuz (bankweise) zu schmücken.
Während der Aktion singen die übrigen Kinder, z.B. „Eine freudige Nachricht breitet sich aus", Str. 1-7 (s. Religionsunterricht praktisch 2, S. 131).

Liedstrophe zur erneuten Sammlung (nach Abschluß der Aktion, z.B. Wiederholung von „Wir wollen alle fröhlich sein ..." (Str. 1) oder „Eine freudige Nachricht ..." (Str. 1).

P./L.: Deutung/Kurzansprache
(Aspekte): Das Kreuz – ein Zeichen des Todes, des Todes Jesu. Das verwandelte, geschmückte Kreuz will uns zeigen: Jesus lebt.
Wie draußen jetzt nach der Starre und Kälte des Winters das Leben neu erwacht, grüne Blätter und bunte Blüten hervorbrechen, so trägt auch dieses Kreuz Spuren neuen Lebens, ist voller Osterzeichen.
Jesus lebt – Leben ist stärker als der dunkle Tod.
Der Lebensbaum lädt uns ein, läßt in und durch uns das Leben neu aufblühen.

Osterruf: P./L. nimmt noch einmal aus dem o.g. Lied das Bild von der sich ausbreitenden „freudigen Nachricht" auf und regt an, es den „Jüngern" und Frauen gleichzutun.

Dazu verteilen sich die „Jünger" und „Frauen" auf die vier Ecken des Kirchenraumes (muß auf die jeweiligen örtlichen Gegebenheiten abgestimmt werden), rufen den Ostergruß, der vom jeweiligen Viertel beantwortet wird (mehrmals wiederholen).

Inhalt des Ostergrußes kann sein:
- „Der Herr ist auferstanden" – „Er ist wahrhaftig auferstanden"
  oder
- „Wir haben gefunden das neue Leben: wir wollen es euch allen weitergeben." (aus: J. Koerver u.a., Hg., Sagt Gott, wie wunderbar er ist. Alte und neue Psalmen zum Sprechen und Singen, Junge Gemeinde, Stuttgart 1990, S. 21)
  oder
- „Freut euch, freut euch ..." (in: G. Watkinson, Hg., 111 Kinderlieder zur Bibel, S. 94).

Gebet – Vaterunser

Segen/Segenslied, z.B. „Du hast uns, Herr, gerufen", Str. 2

Erinnerungsgeschenk: Jedes Kind erhält eine Blume, die es an einen anderen Menschen als Zeichen des neuen Lebens weitergeben soll.
Oder:
Jedes Kind erhält ein Blatt mit einem Kreuz, das zu Hause mit Farbstiften in einen Lebensbaum verwandelt und in die Arbeitsmappe eingeheftet werden soll.

2 | Der gute Hirte

Kurzinhalt:
- Kanon „Das wünsch ich sehr"
- Ein Hirte erzählt (1)
- Kanon/Wechselpsalm
- Ein Hirte erzählt (2)
- Lied „Der Herr ist mein Hirte"
- Kurzpredigt
- Aktion mit Schäfchen
- Fürbitten – Vaterunser
- Schlußlied „Das wünsch ich sehr"
- Segen bzw. Segenslied

Thematisches Stichwort

s. Religionsunterricht praktisch 1, S. 46f und Religionsunterricht praktisch 2, S. 102ff.

Biblischer Bezug

Für „Hirte" als Bildwort für Gott bzw. Jesus gibt es in der Bibel zahlreiche Belege, z.B.:

„Gott, der mein Hirte gewesen ist mein Leben lang ..."
(Gen 48,15)

„Gott, der Hirte und Fels Israels"
(Gen 49,24)
„Der Herr ist mein Hirte ..."
(Ps 23,1)

„Du Hirte Israels, höre, der du Josef hütest wie Schafe ..."
(Ps 80,2)

„Gott wird seine Herde weiden wie ein Hirte. Er wird die Lämmer in seinen Arm sammeln und im Bausch seines Gewandes tragen und die Mutterschafe führen."
(Jes 40,11)

„Ich will euch Hirten geben nach meinem Herzen, die euch weiden sollen in Einsicht und Weisheit."
(Jer 3,15)

„Der Israel zerstreut hat, der wird's auch wieder sammeln und wird es hüten wie ein Hirte seine Herde."
(Jer 31,10)

„Wie ein Hirte seine Schafe sucht,
wenn sie von seiner Herde verirrt sind,
so will ich meine Schafe suchen."
(Hes 34,12)

„Ich bin der gute Hirte und kenne die
Meinen, und die Meinen kennen
mich ... Der gute Hirte läßt sein Leben
für die Schafe."
(Joh 10,14.11)

(aus: Lutherbibel, revidierter Text 1984, mit Genehmigung der Deutschen Bibel-
gesellschaft)

Für diesen Entwurf werden Ps 23 und Joh 10 herangezogen.

Zentrale Idee

In einer Hirtenlandschaft mit den Namensschäfchen der Kinder wird die
Metapher von Jesus, dem „guten Hirten", der unsere Wege begleitet (Ps 23)
und das „Verlorene" sucht (Joh 10), symbolisch verdichtet.

**Bezug zum
Unterricht**

Im Sinne der Arbeitsteilung und Entlastung ist es sinnvoll, die Jahrgänge 1
und 2, in denen Psalm 23 und Lk 15 (Verlorenes Schaf) Unterrichtsgegen-
stände sind, in die Gottesdienstvorbereitung einzubinden:

Der gute Hirte" (Lk 15,3-7) – vgl. Religionsunterricht praktisch 1, S. 46ff:
„Verlorenes wird von Gott gesehen: Der gute Hirte"

Psalm 23" – vgl. Religionsunterricht praktisch 2, S. 102ff:
„Psalm 23: ... und ob ich schon wanderte im finstern Tal"

**Technische
Vorarbeiten**

- Stoffschaf (Steiff o.ä.) besorgen, z.B. aus Bettengeschäft
- Requisiten für den Schäfer (Pelerine, Decke o.ä., Hut, Hirtenstab)
- Schäfchen aus Tonpapier, z.B. nach Modell in Religionsunterricht praktisch 1, S. 53
  Wenn die Namensschäfchen in der Hirtenlandschaft aufgestellt werden
  sollen, müssen (zur Erhöhung der Standfestigkeit) zwei weitere Beine
  angeklebt werden.
- Hirtenlandschaft:
  (a) (aufwendiger) Große Kartons (Kühlschrank/Fernseher etc.) in unterschiedlicher Höhe zu einer „Landschaft" anordnen und auf die Vor-
  derseite mehrere kleinere Kartons tackern und das Ganze mit Jute
  oder anderem dunklen Stoff (Meterware) abdecken.
  Auf die „Galerien" werden später die Schäfchen gestellt.
  (b) (einfacher) Hirtenlandschaft auf großen Karton aufmalen und Schäfchen aufkleben.

Verlauf

Vorspiel

Begrüßung

Kanon „Das wünsch ich sehr ..." (s. Religionsunterricht praktisch 1, S. 100)

Ein Hirte erzählt (1)

(Hirte tritt mit Stoffschaf auf, läßt Sch. zunächst von eigenen Erfahrungen/ Beobachtungen in Verbindung mit Schafen/Schäfer erzählen – Kinder befragen den Schäfer.)

„Ich bin ein Hirte (Schäfer). 100 Schafe gehören zu meiner Herde, und natürlich 'Rex', mein Hütehund.

Ich ziehe mit den Tieren über Land. Auf Wiesen, Flugplätzen und Stoppelfeldern können sie weiden, an Wasserläufen ihren Durst stillen.

Meine Schafe kennen mich ganz genau. Sie kennen meine Stimme, meinen Pfiff, meine Kleidung. Die Tiere wissen, daß ich sie mag.

Morgens und abends melke ich die Milchschafe. Im Frühjahr (von Januar bis April) werden die jungen Lämmer geboren. Dann muß ich manchmal bei der Geburt helfen. Um die kleinen und schwachen Tiere kümmere ich mich besonders. Wenn so ein kleines Schäfchen sehr müde ist, nehme ich es auch schon mal auf den Arm und trage es eine Weile.

Ende Mai wird es wärmer. Dann schere ich die Schafe. Hinterher sind sie dann ganz kahl und weiß.

Auch die Klauen der Tiere muß ich schneiden und manchmal Verletzungen versorgen.

Nachts treibe ich die Herde in einen Pferch.

Erst zu Beginn des Winters beziehen die Tiere einen Stall oder eine Scheune. Heu und Hafer sind dann ihre Nahrung – bis sie nach der Schneeschmelze wieder nach draußen drängen.

Ich bin gern Schäfer, auch wenn ich meist mit meinen Schafen allein bin. Niemand treibt mich. Ich habe viel Zeit, die Tiere und die Natur zu beobachten.

Ich habe viel Zeit zum Nachdenken.“

Wechselpsalm
    Alle:

(aus: K. Meyer zu Uptrup, Tag mit Gott, J.F. Steinkopf Verlag, Stuttgart 1979)

Gruppe:	Er weidet mich auf einer grünen Aue und führet mich zum frischen Wasser. Er erquicket meine Seele. Er führet mich auf rechter Straße um seines Namens willen.
Alle:	Der Herr ist mein Hirte ...
Gruppe:	Und ob ich schon wanderte im finstern Tal, fürchte ich kein Unglück; denn du bist bei mir, dein Stecken und Stab trösten mich.
Alle:	Der Herr ist mein Hirte ...
Gruppe:	Du bereitest vor mir einen Tisch im Angesicht meiner Feinde. Du salbest mein Haupt mit Öl und schenkest mir voll ein.
Alle:	Der Herr ist mein Hirte ...
Gruppe:	Gutes und Barmherzigkeit werden mir folgen mein Leben lang, und ich werde bleiben im Hause des Herrn immerdar.
Alle:	Der Herr ist mein Hirte ...

(nach Psalm 23)

Tanz s. Religionsunterricht praktisch 2, S. 105, 112-114.

Zwischenspiel

Ein Hirte erzählt (2)

„Jesus wird oft von den Leuten gefragt: Sag mal, Jesus, warum machst du das? Warum nimmst du dir so viel Zeit für Kinder und Kranke? Warum feierst du Feste mit Bettlern und Zöllnern? Die sind doch nichts wert! Die taugen doch nichts! Und fromm sind sie auch nicht!
Jesus hört aufmerksam zu – und erzählt den Leuten als Antwort eine Gleichnisgeschichte."

(Schäfer tritt auf – ohne Schaf)

„Ihr kennt mich ja schon. Doch diesmal bin ich ein Hirte aus der Jesuszeit. Neulich abends habe ich mich zu Tode erschreckt. Ich zähle, wie immer abends, die Herde: 97 – 98 – 99 ... ein Schaf fehlt! Ich zähle ein zweites Mal. Wieder nur 99! Ich bin in Sorge! Wo ist das 100. Schaf? Hat es sich verlaufen? Ist es in Gefahr?"

(Ggf. Kinder gesprächsweise einbeziehen
– Mögliche Gefahren für das Tier
– Eigene Erlebnisse mit Verlaufen/Eltern suchen ... – vgl. Religionsunterricht praktisch 1, S. 48)

(Schäfer läuft los – ruft gelegentlich – horcht etc.)

„Ich verschließe das schützende Gatter und laufe los in die Nacht.
Ich rufe und horche. Doch die Stille der Steppe wirft nur mein Echo zurück. Unruhig laufe ich weiter. Wieder bleibe ich stehen, rufe das kleine Schaf bei seinem Namen. Wieder und wieder rufe ich es. Ich gebe nicht auf. Ich muß mein Schäfchen finden!

Endlich, endlich kommt aus dem Dunkel ein klägliches Blöken! 'Mein Schaf lebt!' Ich haste vorwärts. Ich finde das verängstigte Tier."

(Schäfer „findet" das Schäfchen in abgelegener Ecke der Kirche o.ä. und unterstreicht seine Worte durch Gesten.)

„Behutsam hebe ich es auf und lege es auf meine Schultern. Zärtlich streichle ich das Schaf. 'Endlich habe ich dich gefunden! Ich bin so froh!'

Alle freuen sich mit mir: die anderen Schafe und die Leute im Dorf, denen ich von meinem Glück erzähle. Wir feiern ein kleines Fest, denn das Schaf, das verloren war, ist wiedergefunden. Es lebt!"

Lied

Der Herr ist mein Hirt

Der Herr ist mein Hirt, ich bin nicht allein. Der Herr ist mein Hirt, wie froh darf ich sein. Er hält für mich Wacht bei Tag und bei Nacht. Der Herr ist mein Hirt, ich bin nicht allein.

2. Ich spür seine Hand inmitten der Welt.
Ich fühl seinen Schutz, der tröstet und hält.
Er kennt meinen Schmerz, er sieht in mein Herz.
Der Herr geht voraus und öffnet sein Haus.

(aus: Cratzius/Ring, Lobt froh den Herrn, Steyler Verlag, 41311 Nettetal 1988, S. 22)

Kurzpredigt (Skizze)
Jesus ist wie der „gute Hirte".
Jesus sieht und sucht das „Verlorene": Sünder, Zöllner, Behinderte ... – Menschen im Schatten, Menschen, die an sich, an andern, an Gott verzweifeln.
Jesus freut sich über jeden, der sich (von ihm) „finden" läßt.
Jesus begleitet unsere Wege – die geraden und die verschlungenen (vgl. Ps 23).

Liedstrophe: „Der Herr ist mein Hirt"
3. Der Herr ist mein Hirt, ich spür, er ist da.
In Nacht und Gefahr ist immer er nah.
Und bin ich bedroht von Schmerzen und Tod,
der Herr ist mein Hirt, ich bin nicht allein.

Aktion mit Schäfchen

L./P. macht darauf aufmerksam, daß auch wir zur „Herde" (Gemeinde) Jesu gehören und jede(r) einzelne von ihm geliebt, daß jede(r) wichtig ist. Symbolisch soll das in der folgenden Aktion unterstrichen werden: Sch. teilen die vorbereiteten Schäfchen aus – Kinder schreiben ihren Namen auf ihr Schäfchen.

Bei kleineren Gruppen kann der „Hirte" die Kinder einzeln bei ihren Namen rufen und die so Gerufenen ihr Schäfchen selbst befestigen lassen. Bei größeren Gruppen Schäfchen einsammeln und in die Hirtenlandschaft einfügen.

Während des Einsammelns und Anheftens ist Raum für ein Lied (ggf. mehrmals wiederholen), z.B. *Kindermutmachlied* („Wenn einer sagt: ‚Ich mag dich, du …'")

Nach Abschluß der Aktion kann ein Transparent über der Hirtenlandschaft angebracht werden:

Jesus sagt: „Ich bin der gute Hirte"

Fürbitten

Vaterunser

Schlußlied   „Das wünsch ich sehr …" (s.o.)

Segen

Erinnerungsgeschenk: z.B. die beschrifteten Schäfchen

Ergänzende und alternative Lieder:
  – „Der Herr ist mein getreuer Hirt" (EG 274, EKG 178)
  – „Eine Herde und ein Hirt" (EKG 220)
  – „Der gute Hirte", in: G. Watkinson, Hg., 9 x 11 neue Kinderlieder zur Bibel, S. 52f
  – „Mein Schaf hat sich verlaufen", in: Schwerter Liederbuch, Nr. 102

Miteinander verwoben sein
(Gemeinde – Gemeinschaft – Paulus)

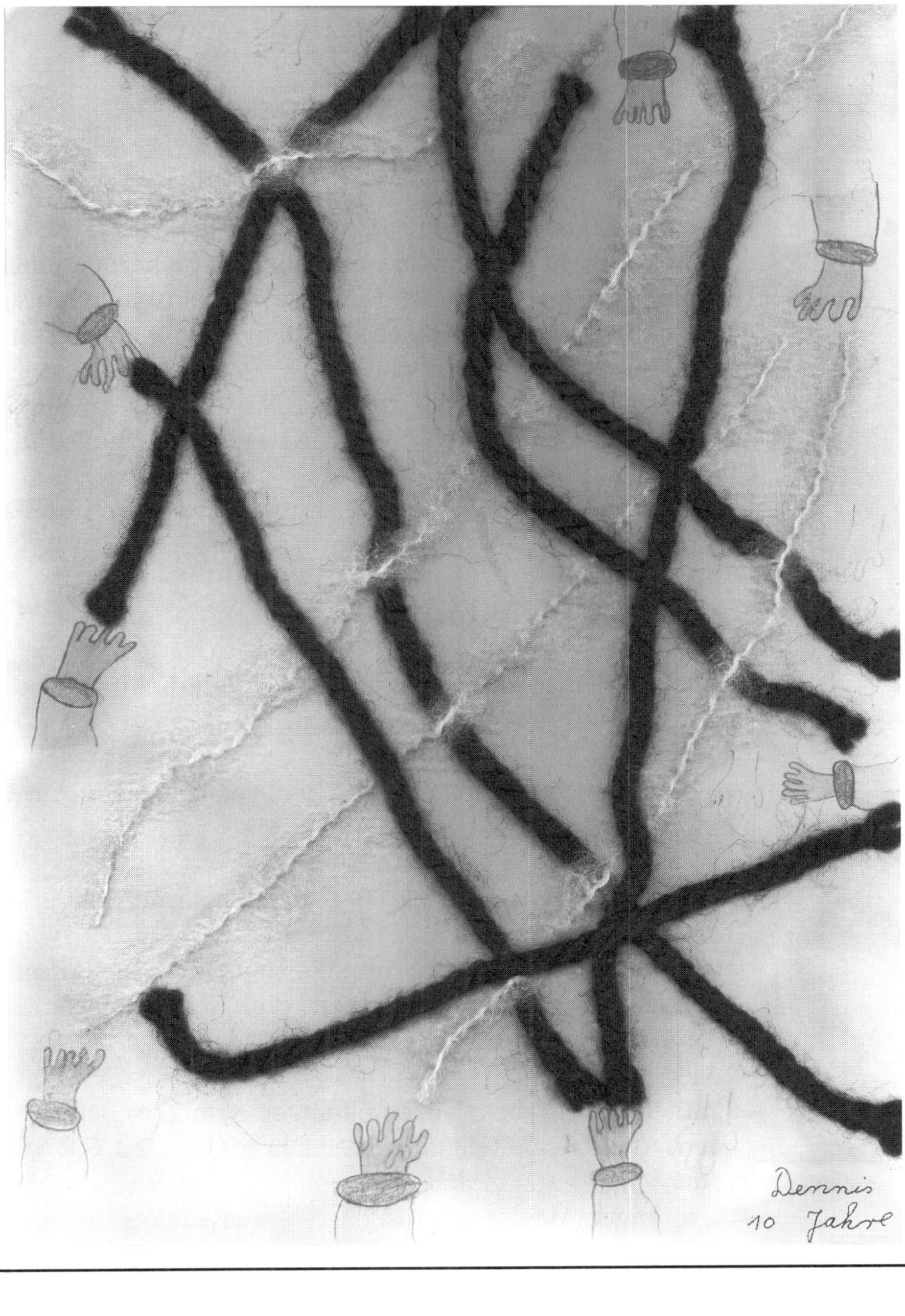

Dennis
10 Jahre

> **Kurzinhalt:**
> – Lied „Allein können wir nicht leben"
> – Psalm 103
> – Spiel „Paulus, der Teppichweber"
> – Aktion „Miteinander verwoben sein"
> – Lied „Einander brauchen"
> – Deutung
> – Kanon „Laßt uns miteinander"
> – Fürbitten – Vaterunser
> – Segenslied „Herr, wir bitten: Komm und segne uns"

Thematisches Stichwort

Gemeinschaft ist ein bedeutsames Gut – pädagogisch wie theologisch. Der einzelne braucht die Gemeinschaft, die ihm Sicherheit gibt und ihn trägt. Umgekehrt bedarf die Gemeinschaft des/der einzelnen mit seinen individuellen Eigenschaften und Gaben. Aus dem Zusammenwirken vieler entsteht ein beeindruckendes Muster.

Paulus beschreibt einen analogen Sachverhalt im Bild des Leibes und der Vielfalt seiner Glieder (= Verbindung der Gemeinde mit dem erhöhten Christus – 1. Kor 12,12ff).

Der/die einzelne und die Gemeinschaft bereichern und stabilisieren sich gegenseitig.

Biblischer Bezug

1. Kor 12,12ff (vgl. 6,15; Röm 12,4f)

Zentrale Idee

In einer Gemeinschaftsaktion weben viele/alle Schüler (und Lehrer/innen) einen „Teppich" aus Stoffstreifen (s.u.).

Bezug zum Unterricht

Die Gottesdienstvorbereitung kann von verschiedenen Ansätzen her angelegt werden:

– „Kirche: Ein Haus für viele" (vgl. Religionsunterricht praktisch 3, S. 9ff)
oder
– „Sammlung und Ausbreitung der Gemeinde: Die Botschaft des Lebens von Jerusalem nach Rom tragen" (vgl. Religionsunterricht praktisch 4 [4. Aufl.], S. 122ff, S. 137ff)
oder
– „Miteinander leben: Türen öffnen zu Kranken, Behinderten, Trauernden, Alten" (vgl. Religionsunterricht praktisch 3, S. 166ff)
oder
– „Anfangen: Wir lernen uns sehen" (vgl. Religionsunterricht praktisch 1, S. 9ff).

Ziel ist es jeweils, die Verwobenheit des eigenen Lebens mit dem Leben anderer Menschen zu entdecken.
Die Rolle des Paulus (s.u.) sollte sinnvollerweise ein(e) Erwachsene(r) übernehmen.

Technische Vorarbeiten

Stoffstreifen: in Anzahl der Sch., die sich an der Webaktion beteiligen sollen, bereitstellen – möglichst unterschiedliche Farben und Materialien; Streifengröße: ca. 2,5 cm x 90 cm (das zweite Maß hängt von der Breite des Rahmens ab).

Webrahmen: Rahmen aus Holzleisten (ca. 80 cm x 120 cm) zusammenbauen. Oben und unten Löcher für die Kettfäden (= Bindfaden) bohren.

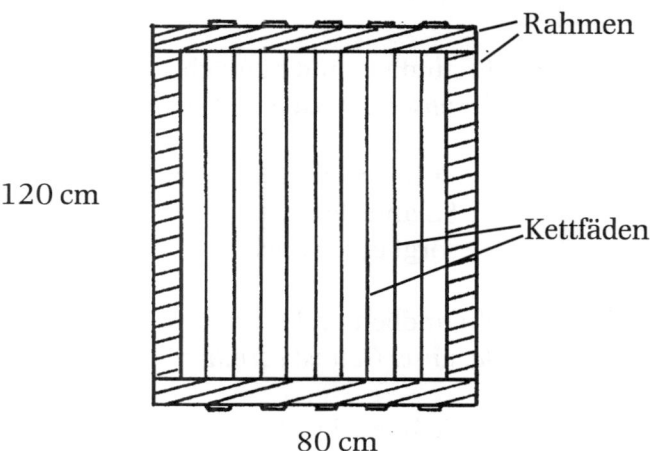

120 cm

Rahmen

Kettfäden

80 cm

Die Stoffstreifen werden später (unten beginnend – ggf. auch unten und oben gleichzeitig) in die Kettfäden gewoben. Von Zeit zu Zeit „stauchen". Webstuhl mit Schraubzwingen an Kartenständern o.ä. in Augenhöhe befestigen.

Verlauf

Begrüßung und Hinweise zum Gottesdienst

Lied „Allein können wir nicht leben" (s. Schwerter Liederbuch, S. 173)

Wechselpsalm

Psalm 103

Freundlich und hilfreich ist Gott.
Ja, unser Gott ist barmherzig.

    Ich will mich über den Herrn freuen.
    Alles, was in mir ist,
    mein Herz und mein Geist,
    sollen ihn loben.

Freundlich und hilfreich ist Gott.
Ja, unser Gott ist barmherzig.

> Ich will mich über den Herrn freuen
> und will all das Gute nicht vergessen,
> das ich von ihm empfangen habe.

Freundlich und hilfreich ist Gott.
Ja, unser Gott ist barmherzig.

> Er hat mir alle meine Schuld vergeben.
> Und hat heilgemacht,
> was in mir zerbrochen ist.

Freundlich und hilfreich ist Gott.
Ja, unser Gott ist barmherzig.

> Er hat mich stark gemacht.
> Solange ich lebe,
> sorgt er für mich.

Freundlich und hilfreich ist Gott.
Ja, unser Gott ist barmherzig.

> So hoch der Himmel über der Erde ist,
> so groß ist Gottes Freundlichkeit
> für die, die zu ihm gehören.

Freundlich und hilfreich ist Gott.
Ja, unser Gott ist barmherzig.

(nach Ps 103)

Spiel

Paulus, der Teppichweber

(Paulus sitzt an seinem Webstuhl und verwebt – zunächst stumm oder eine Melodie pfeifend – Stoffstreifen. Nach einiger Zeit schaut er auf und erzählt, dabei immer wieder seine Arbeit fortsetzend):

„Ich bin Paulus aus Tarsus.
Ihr kennt mich besser als Prediger und Apostel der Völker. Doch predigen und Briefe schreiben, das ist mein *zweiter* Beruf.
In meinem *ersten* Beruf bin ich Teppichweber und Zeltmacher. Mit Teppichweben verdiene ich meinen Lebensunterhalt.
(Zeigt auf den Webrahmen:)
Mein Werkzeug ist dieser Webrahmen.
Ohne ihn könnte ich keine Teppiche weben.

Fest muß er sein und stabil.
Und dann sind da (zeigen) Fäden – Kettfäden.
In sie hinein kann ich den Teppich knüpfen.
Das Wichtigste jedoch sind diese Stoffstreifen (hochhalten),
die zu einem Muster verknüpft werden.
Wie unterschiedlich die Streifen sind (zeigen):
– dünne und dicke
– alte und neue
– helle und dunkle
– rote und gelbe ...

Manche Farben (wie z.B. diesen giftgrünen ...) finde ich ja ganz scheußlich.
Aber es ist merkwürdig: Wenn sie erst einmal verwoben sind, sind sie gar
nicht mehr häßlich. Manche wirken dann sogar ganz attraktiv.
Beim Weben habe ich viel Zeit –
Zeit zum Nachdenken. –
Und dann denke ich manchmal:
– der Streifen und ich – da gibt es viel Gemeinsamkeit,
– der Teppich, die Schule und die christliche Gemeinde haben manche
  Parallelen."

Musikalisches Zwischenspiel

Hinführung zur Aktion
    L./P. verweist auf die am Eingang verteilten (oder in den Bänken ausge-
    legten Stoffstreifen und lädt dazu ein, bankweise mit den Streifen nach
    vorn zu kommen und die Stoffstreifen zu verweben.
    Beim Warten und Weben kann zweierlei gemacht werden:
    – den eigenen Streifen ganz aufmerksam ansehen
    – überlegen, was Paulus gemeint haben könnte, als er sagte: „Der
      Streifen und ich – da gibt es viel Gemeinsamkeit. Der Teppich, die
      Schule und die christliche Gemeinde haben manche Parallelen."

Durchführung der Aktion
    (Während der Webaktion kann eine Flöten- oder Musikgruppe oder die
    Orgel mehrmals das Lied „Einander brauchen ..." spielen)

Lied „Einander brauchen", s. Schulgottesdienste mit Religionsunterricht
    praktisch, Bd. 1, S. 38.

Deutung
*(Paulus tritt erneut auf und schaut sich den fertigen Teppich an. Dann teilt er
seine Beobachtungen mit:)*
„Aus vielen verschiedenen Teilen/Farben/Formen ist ein Teppich entstan-
den, aus Teilen ein neues Ganzes.
Jeder einzelne Stoffstreifen ist wichtig für das Ganze.
Ähnlich ist das ja auch in unserer Schule: Wieviel unterschiedliche Kinder
da zusammen sind:

- jüngere und ältere
- Mädchen und Jungen
- Deutsche und Ausländer
- mutige und ängstliche ...

Der Teppich zeigt mir, daß all die unterschiedlichen Kinder zusammenge-
hören. Aus der Unterschiedlichkeit ist ein buntes Muster geworden.
Und noch etwas ist mir aufgefallen:
Wieviel Festigkeit der Teppich der Gemeinschaft durch das Zusammenspiel
gewinnt.
Mir zeigt das:
Andere sind für mich ein Gewinn.
Andere tragen und stützen mich.
Und schließlich sind da noch der Rahmen und die Kettfäden! Sie geben dem
Teppich Halt und Stabilität.
Für mich ist das ein Bild, daß wir nicht aus uns selber leben, sondern aus
Christus. Er hält und trägt uns. Er erhält und trägt unsere Gemeinschaft – in
der Schule und in der Kirche.
Miteinander weben wir Gottes neue Welt."

Kanon „Laßt uns miteinander ..." (s. Religionsunterricht praktisch 3, S. 55)

Fürbitten/Vaterunser

Segenslied   „Herr, wir bitten: Komm und segne uns" (s. Schwerter Lieder-
    buch, S. 71)

Zur „Webaktion" ließen wir uns anregen durch D. Damke u.a., Eine Leiter
zum Himmel. Familiengottesdienste im Kirchenjahr, Patmos, Düsseldorf
1984, S. 130ff.

Hinweis auf weitere Lieder zum Thema „Gemeinschaft":
- „Einsam bist du klein", in: Schwerter Liederbuch, S. 173
- „Wenn du singst, sing nicht allein", in: ebd. S. 178
- „Wir spinnen feine Fäden", in: ebd. S. 180
- „Wir spinnen, knüpfen, weben", (Wenn jeder gibt, was er hat), in: Mein
    Liederbuch für heute und morgen, B 35

4 | Gottes Hände halten mich

julia

Kurzinhalt:
- Lied „Ausgang und Eingang"
- Begrüßung
- Lied „Halte zu mir, guter Gott"
- Schattenspiel auf dem TP: Was unsere Hände alles können
- Lied „Ich habe Hände"
- Besinnung „Wir haben Hände"
- Lied „Gott hält das Leben in der Hand"
- Aktion „Botschaft der Hände"
- Fürbitten – Vaterunser
- Kanon: „Wie in einer zärtlichen Hand"
- Segen

Thematisches Stichwort

Hände sind vielseitig und mitteilsam, konstruktiv und destruktiv. Vielerlei Hand-reichungen sind nötig, bis eine(r) auf eigenen Füßen stehen und selbst hand-eln kann.

Bevor sie Jesu Hände ans Kreuz schlugen, haben diese Hände
- Kinder gesegnet
- blinde Augen berührt
- Hungrige gespeist
- Füße gewaschen.

Glücklich ist dran, wer in „gute Hände" fällt (= geschützt, geborgen, in Begleitung ist).

Von Gott sagt die Schrift:

„Meine Zeit ruht in deinen Händen" (Ps 31,16)

„Siehe, in meine Hände habe ich dich gezeichnet" (Jes 49,16)

„Nähme ich Flügel der Morgenröte und bliebe am äußersten Meer, so würde auch dort deine Hand mich führen und deine Rechte mich halten" (Ps 139,9f).

Zum Symbol „Hand" s. auch: U. Früchtel, Mit der Bibel Symbole entdekken, Vandenhoeck & Ruprecht, Göttingen 1991, S. 166ff.

Biblischer Bezug

Mk 10,13-16 (Kindersegnung; vgl. Religionsunterricht praktisch 1, S. 19ff)

Ps 139

Abraham (vgl. Religionsunterricht praktisch 1, S. 94)

Biblische Personen unter besonderer Berücksichtigung ihrer Hände

Beispiele aus der Kirchen- und Wirkungsgeschichte

Zentrale Idee

Hände werden in ihrer Vielseitigkeit und Symbolkraft erschlossen und im Blick auf die Hände Gottes auf den Aspekt der Geborgenheit hin ausgelegt.

In ein großes Gemeinschaftsbild bringen sich alle Kinder mit ihren Händen und individuellen Botschaften ein („Hände, für die ich dankbar bin" –

„Kummer, den ich Gott in die Hände schreiben möchte" – „Was meine Hände gut können" o.ä.).

Bezug zum Unterricht

„Gottes Hände halten mich" kann als Bekenntnis auf vielfache Weise inhaltlich gefüllt und eingelöst werden: s.o. Biblischer Bezug!
An mehreren Stellen wird im RU darüber hinaus die Symbolik der „Hände" Unterrichtsgegenstand:
– „Gott segnet Abraham – Er spürt Gottes Hand" (vgl. Religionsunterricht praktisch 1, S. 94, 102)
– „Kinderhände" (ebd. S. 152, 156)
– „Gott hält das Leben in der Hand" (ebd. S. 138)
– „Von Menschen, die sehen gelernt haben: St. Martin – Nikolaus – H. Gmeiner" (ebd. S. 55ff)
– „Psalm 23" (Religionsunterricht praktisch 2, S. 102ff)
– „Menschen gehen neue Wege: Schweitzer – Keller – Mutter Teresa" (ebd. S. 138ff)
– „Miteinander leben: Türen öffnen zu Kranken, Behinderten, Trauernden, Alten" („Der barmherzige Samariter" – vgl. Religionsunterricht praktisch 3, S. 166ff, bes. 171, 183, 185)
– „Schöpfung als Geschenk und Aufgabe: In Gottes Händen ist das Leben geborgen" (Religionsunterricht praktisch 4, S. 7ff)

Es bleibt den Vorbereitenden überlassen, wo sie den Schwerpunkt und die Verankerung suchen.
Vorzubereiten sind auch:
– das Schattenspiel („Was unsere Hände alles können"),
– die Besinnung („Wir haben Hände"); ggf. können die Voten durch Bilder oder Textbilder untermalt werden;
– die Aktion „Botschaft der Hände". Wo die Sch. daran gewöhnt sind, kann die Beschriftung im Gottesdienst erfolgen (Vorteil: größere Spontaneität). In der Regel wird es angezeigt sein, die Hände im Unterricht (oder zu Hause) beschreiben zu lassen. Um Engführungen zu vermeiden, sollen – je nach Altersstufe – alternative Impulse angeboten werden:
  – „Hände, für die ich dankbar bin" oder
  – „Kummer, den ich Gott in die Hände schreiben möchte" oder
  – „Was meine Hände gut können" etc.

Technische Vorarbeiten

– Tageslichtprojektor
– Kinderhände aus Tonpapier (verschiedene Farben) ausschneiden
– Pinnwand – Ständer zum Befestigen der Pinnwand – Dekonadeln oder Foto-Kleber (Foto-Plakkers)

Verlauf   *Lied* „Ausgang und Eingang, Anfang und Ende" (s. Schwerter Liederbuch,
                          S. 15)

                       Begrüßung Erste Hinweise zum Thema „Hände" – Welche Hände heute
                          schon für uns tätig waren, was Hände schon für uns erledigt haben.

                       Lied „Halte zu mir, guter Gott, heut' den ganzen Tag" (s. Schwerter Lieder-
                          buch, S. 196)

                       Schattenspiel auf dem TP
                          Was unsere Hände alles können (1. Schuljahr oder Schulkindergarten):
                          Sch. spielen mit ihren Händen im Lichtstrahl des TP – die anderen
                          Kinder erraten das Gemeinte, z.B.
                          – Nähen (mit Nadel und Faden)
                          – streiten
                          – liebkosen/streicheln
                          – geben – empfangen
                          – Wasser schöpfen
                          – beten etc.

                       Lied „Ich habe Hände, ich bin gesund" (s. Schwerter Liederbuch, S. 195)

                       Besinnung „Wir haben Hände"
                          Sch. treten nacheinander vor und sprechen mit entsprechenden Hand-
                          bewegungen ihr Votum.
                          – Alternative: L./P. faßt in geeigneter Weise die Aspekte zusammen)

                       Kind 1:   Auf meinen Händen sehe ich
                                      – Rillen und Linien
                                      – Narben und Streifen.

                       Kind 2:   Meine Hände können
                                      schreiben und malen,
                                      bauen und basteln,
                                      streicheln und trösten.
                                      Meine Hände sind nützlich.

                       Kind 3:   Meine Hände können
                                      zerstören und wehtun,
                                      drohen und schlagen.
                                      Manchmal sind mir meine Hände unheimlich.

                       Kind 4:   Manchmal sind meine Hände ein Haus, das beschützt.

                       Kind 5:   Manchmal sind meine Hände wie eine Mauer, die abweist.

                       Kind 6:   Manchmal sind meine Hände wie Schalen, in die jemand etwas
                                      hineinlegt und aus der man etwas nehmen kann.

L./P.:   Von Gottes Händen sagt die Bibel:
– Sie führen mich und beschützen mich,
– sie sind wie eine Burg, die Geborgenheit gibt.
– Sie sind wie Bäume, die Schatten spenden und
wie eine Brücke, die Feinde verbindet.

(Sch. bilden einen zur Schulgemeinde offenen Halbkreis, legen ihre Hände in der Mitte ineinander und sprechen:)

„Gottes Hände halten mich"

Lied „Gott hält das Leben ..." (s. Religionsunterricht praktisch 1, S. 147)

Aktion Botschaft der Hände:
Sch. befestigen bankweise die vorbereiteten „Hände" an der Pinnwand (Dekonadeln oder Foto-Kleber (Foto-Plakkers)), ggf. kurze Deutung

Lied Wiederholung: „Gott hält das Leben ..."

Fürbitten   (ggf. Inhalt aus der Händeaktion aufgreifen und einbeziehen)

1. Danke für unsere Hände.
Mit unseren Händen können wir spielen und basteln,
verbinden und trösten,
schreiben und tasten,
helfen und beten ...
Danke für unsere Hände.

2. Danke für die Hände, die für uns da sind:
für die Hände unserer Eltern,
für die Hände unserer Freundinnen und Freunde,
für die Hände unserer Lehrerinnen und Lehrer,
für die Hände des Bäckers, des Arztes,
des Hausmeisters ...
Danke für all die Hände, die sich täglich um uns kümmern.

3. Danke für deine Hände, guter Gott.
Deine Hände führen und begleiten uns.
In deinen Händen ist unser Leben geborgen.
Du hältst die ganze Welt in deiner Hand.
Danke für deine Hände.

4. Andere Menschen brauchen unsere Hände.
Laß uns sehen, wo unsere Hände nötig sind:
Hände, die zupacken und helfen,
Hände, die Lasten tragen,
Hände, die beschützen und Schaden abwehren,
Hände, die trösten.
Laß uns unsere Hände nicht in den Schoß legen.
Amen.

Vaterunser (Kinder fassen sich an den Händen)

Kanon Wie in einer zärtlichen Hand

(aus: Menschenskinderkirchentage, [Materialheft 48], Beratungsstelle für Gestaltung, Frankfurt/M. 1986, S. 217)

Segen (P. verweist noch einmal auf die Bedeutung der Hände beim Segen)

Hinweise auf weitere „Hände"-Lieder:
-   „Gott, du hast uns Hände gegeben", in: Religionsunterricht praktisch 3, S. 185
-   „Hände, die geben, Hände, die teilen", in: Troubadour für Gott, Nr. 625
-   „Hände, die schenken, erzählen von Gott", in: Schwerter Liederbuch, S. 125
-   „Herr, dein guter Segen", in: Lieder zwischen Berlin 1977 und Nürnberg 1979, bes. Str. 2
-   „Herr, wir bitten: Komm und segne uns" (s.o. Modell Nr. 3)
-   „Ich gebe dir die Hände", in: Das Liederbuch zum Umhängen, Nr. 44
-   „Ich hab eine Hand! Du hast eine Hand!" in: W. Longardt, Spielbuch Religion 2, Benziger/Kaufmann, Zürich/Köln/Lahr 1981, S. 97
-   „Ich sitze oder stehe, ich liege oder gehe, du hältst stets deine Hand über mir", in: Troubadour für Gott, Nr. 110
-   „Jedem gibst Du Deine Hände", in: Troubadour für Gott, Nr. 478

5 | Wie ein Mobile – Gehalten und verbunden sein (Gemeinschaft – Gemeinde)

Sabrina, 9 Jahre

> **Kurzinhalt:**
> – Lied: „Laßt uns miteinander"
> – Begrüßung
> – Lied „Menschenbrückenlied" („Gemeinsam hier ...")
> – Gespräch „Ein Mobile"
> – Transfer (begleitet durch Liedstrophen):
>   Wie ein Mobile – gehalten und verbunden sein
> – Lied „Wir gehören zusammen"
> – Fürbitten – Vaterunser
> – Schlußlied „Allein können wir nicht leben"
> – Segen

Thematisches Stichwort s. Entwurf „Miteinander verwoben sein"

Biblischer Bezug s. Entwurf „Miteinander verwoben sein"

Zentrale Idee In ein Mobile, das an einem Kreuz hängt, sind als Schattenrisse die Köpfe verschiedener Kinder (möglichst aus allen Klassen), Lehrer/in, Hausmeister, Mutter etc. eingearbeitet.

Die übrigen Kinder bringen sich in vereinfachter Form (kleine Selbstporträts – s.u.) in das Mobile ein.

Bezug zum Unterricht s. Entwurf „Miteinander verwoben sein"

Technische Vorarbeiten
– Kreuz, an dem das Mobile befestigt wird: Latten oder Äste, ca. 150 cm x 250 cm
– Mobile: starker Draht oder festes Peddigrohr
  Bindfaden
  Die Befestigung des Mobiles mit dem Kreuz soll nach Möglichkeit an der Decke erfolgen und von allen Plätzen eingesehen werden können.
– Köpfe: Schwarzer Fotokarton an Wand befestigen – zu porträtierende Personen in ca. 1 m Abstand vor den Karton setzen und mit TP o.ä. anstrahlen – Schattenumrisse aufmalen – ausschneiden. (Falls die Köpfe zu groß erscheinen, Umriß mit Zoom-Kopierer verkleinern und dann auf Fotokarton übertragen).
– Selbstporträts der übrigen Kinder: Alle Kinder malen sich selbst auf eine ca. handtellergroße runde Pappscheibe und schreiben ihren Namen dazu. Je 10 Porträts werden auf eine Schnur aufgereiht (Heftmaschine) und an den Gelenkstellen in das Mobile eingebaut (s. Skizze).
– Tageslichtprojektor (zum Anstrahlen des Mobiles).

Verlauf   *Lied „Laßt uns miteinander ..."* (s. Religionsunterricht praktisch 3, S. 55)

Begrüßung (Thema „Gemeinschaft")

Lied

Text: Rolf Krenzer
Musik: Detlev Jöcker

2. Wir reichen uns die Hände dann
    und können sicher sein:
    Faßt einer nur den andern an,
    ist keiner mehr allein.

(aus: MC „Solange die Erde lebt", Rechte: Menschenkinder Verlag, 48157 Münster)

Gespräch „Ein Mobile"
(Falls möglich, sollte das Mobile angestrahlt werden; die jeweils angesprochenen Teile des Mobiles zeigen/bewegen)

– Mobile beschreiben lassen (z.B. schön anzusehen, bunt, formenreich, immer ein wenig in Bewegung ...)
– die Teile des Mobiles – viele *verschiedene* Teile
– die Teile durch Fäden *miteinander verbunden*, bilden eine Einheit
– die Teile hängen zwar zusammen, doch jedes Teil hat Spielraum, ist *frei beweglich*
– die Teile sind so harmonisch zusammengefügt, daß *Gleichgewicht* besteht – Gleichgewicht kann leicht ge(zer)stört werden
– Jeder Teil ist Teil des Ganzen – das Mobile ein *Zeichen* für das Leben.

Lied „Menschenbrückenlied", Str. 3 und 4

3. Wir stehen nicht mehr alleine hier,
    und jeder spürt es bald:

Auf beiden Seiten finden wir
im andern unsern Halt.

4. Fühl ich mich schwach und hoffnungslos,
    so halt ich dich doch fest.
    Wir werden stark, wenn einer bloß
    den andern nicht verläßt.

Transfer (1) Wie ein Mobile – gehalten und verbunden sein (Aspekte):

– Mobile = Bild für das Zusammenleben der Menschen
– Klasse = Gemeinschaft mit vielen verschiedenen Sch.
– Schaut die Köpfe im Mobile an (Stupsnase – Pferdeschwanz – runder Kopf ...)
– jeder ist anders, einmalig, unverwechselbar – niemand wertlos
– Einmaligkeit eines jeden, von Gott gewollt!
– Auch in der Familie/in der Gemeinde/zwischen Freunden ist es wie beim Mobile ...

Lied „Menschenbrückenlied", Str. 5 und 6

5. Wenn so ein Stück der Angst vergeht,
    weil jeder jeden schützt,
    dann weiß ich, daß ein Bund entsteht,
    der hält und der mich schützt.

6. Wenn immer mehr zusammengehn,
    ist keiner mehr allein.
    Der alte Bund kann so bestehn
    und neuer Anfang sein.

Transfer (2) (Aspekte): Auch das ist wie beim Mobile:
    – Die einzelnen Teile (in der Klassengemeinschaft/Familie ...) sind *miteinander verbunden*, bilden zusammen eine *Gemeinschaft*
    – Die Teile – miteinander verbunden – doch bleibt jeder selbständig, kann sich *„frei bewegen"*
    – *Gleichgewicht* wichtig – Es kann gestört werden (Wenn immer der Stärkste bestimmen will – Wenn eine(r) nie mitmacht ...)

Lied „Menschenbrückenlied", Str. 2 (Wiederholung)

2. Wir reichen uns die Hände dann
    und können sicher sein:
    Faßt einer nur den andern an,
    ist keiner mehr allein.

Transfer (3)
    – Mobile wird durch ein *Kreuz* gehalten
    – Kreuz = Zeichen für Gottes Liebe

– Gottes Liebe hält jeden von uns, trägt unsere Gemeinschaft, verbindet uns untereinander ...
– ggf. Einbeziehung folgender Geschichte

Von der Mitte gehalten

Der Abt eines Klosters wurde von Besuchern gefragt: „Wie ist es möglich, daß alle Mönche trotz ihrer verschiedenen Herkunft, Veranlagung und Bildung eine Einheit darstellen?"

Statt einer theoretischen Erklärung antwortete der Abt mit einem Bild: Stellt euch ein Rad vor. Da sind Felge, Speiche und Nabe. Die Felge ist die umfassende Mauer, die aber nur äußerlich alles zusammenhält. Von diesem Rand des Rades aber laufen die Speichen in der Mitte zusammen und werden von der Nabe gehalten. Die Speichen sind wir selbst, die einzelnen unserer Gemeinschaft. Die Nabe ist Jesus Christus. Aus dieser Mitte leben wir. Sie hält alles zusammen."

Erstaunt schauten die Besucher auf, sie hatten etwas Wichtiges verstanden.

Doch der Abt sagte weiter: „Je mehr sich die Speichen der Mitte nähern, um so näher kommen sie auch selbst zusammen. Ins konkrete Leben übertragen heißt das: Wenn wir uns Christus, der Mitte unserer menschlichen und geistlichen Gemeinschaft, wirklich und ganz nähern, kommen wir auch einander näher. Nur so können wir miteinander und füreinander und damit auch für andere leben."

(Quelle unbekannt)

Lied „Wir gehören zusammen"

Text u. Melodie:
Eberhard Laue

2. Wir haben eine Mannschaft und spieln den Ball uns zu.
    Es ist ein jeder wichtig. So siegen wir im Nu.

3. Ich will in meiner Klasse kein Außenseiter sein.
    Wir stehen für die Schwachen doch immer wieder ein.

4. Ja, Gott ist unser Vater, und du bist ja sein Kind.
    Ja er bringt uns zusammen, damit wir Brüder sind.

(aus: Jungscharlieder, Rechte: Mundorgel Verlag, Köln/Waldbröl)

Fürbitten – Vaterunser

Schlußlied „Allein können wir nicht leben" (s. Schwerter Liederbuch, S. 173)

Segen

_____

Weitere Lieder:
-   „Wenn du singst, sing nicht allein", in: Troubadour für Gott, a.a.O. Nr. 115
-   „Einsam bist du klein", in: ebd., Nr. 536
-   „Wir gehören zusammen. Ich gehöre dazu", in: Rhein. Verband für Kindergottesdienst, Hg., Zum KiBiTa sind alle da!, Hilden 1991, S. 46

„Schwester Lerche" und „Bruder Spatz"

– Eine Predigt für Vögel –

Kurzinhalt:
- Vorspiel
- Begrüßung
- Lied „Alles, was Odem hat"
- Gedicht „Gott, ich staune ..."
- Spiel zum „Sonnengesang"
- Deutung in Verbindung mit der „Vogelpredigt"
- Musikalisches Zwischenspiel
- Aktion: Worüber wir staunen
- Lied/Fürbitten „Du hast uns deine Welt geschenkt"
- Segen

Thematisches Stichwort

„Laudato si ..." = „Gepriesen seist du ...", ist nicht nur Ostinato in Franziskus' „Sonnengesang" (1224/25), sondern zugleich auch Credo und Lebensmaxime des sonderbaren Heiligen aus Assisi/Umbrien.
Die Armut wählt dieser „poverello" und „Christus des Mittelalters" zur Schwester für ein Leben zum Lobe Gottes.

Alles ist Geschenk. Die ganze Natur, den gesamten Kosmos, alle Elemente begreift er als Spiegel der Größe und Herrlichkeit des Schöpfers. Deshalb sieht er in jedem Geschöpf Bruder und Schwester, liebt er Tiere, Pflanzen und Blumen als Teil der guten Schöpfung Gottes. Den Vögeln (die schon vor 800 Jahren in Italien gefangen und verspeist wurden), so erzählt es eine der zahlreichen Franziskus-Legenden, hält er eine kleine Predigt, eine „Vogelpredigt".

Dieser Entwurf berücksichtigt die „Vogelpredigt", ein weiterer Entwurf in Bd. I darüber hinaus auch den „Sonnengesang". (Vgl. Schulgottesdienste mit Religionsunterricht praktisch, Bd. 1, S. 74)

Biblischer Bezug

Schöpfung
(Ernte) Dank
Christusnachfolge

Zentrale Idee

Das Modell läßt parallel zur Begegnung mit dem Sonnengesang ein Zentralbild mit Franziskus und den Symbolen der einzelnen Strophen entstehen. Die übrigen Sch. vervollständigen das Bild durch Papiervögel mit Botschaften („Worüber wir staunen", „Wofür wir Gott loben können ...")

Bezug zum Unterricht

Eine den Schulgottesdienst vorbereitende Sachbegegnung mit Franz von Assisi (1182-1226) kann – je nach Altersstufe und Gruppengröße unterschiedliche Medien in Anspruch nehmen:
1./2. Schuljahr: nach: M. Bernhard-Kress, Das Sonnenlied, Wittig/Kath. Bibelwerk, Hamburg/Stuttgart 1991.

Inhalt: Vereinfachte Version des Sonnengesangs, mit Lied.

3./4. Schuljahr: nach A. Bolliger-Savelli/U. Wölfel, Bruder Franz von Assisi, Patmos, Düsseldorf 1987[3].

Inhalt: Ausführliche Darstellung des Lebens des Franziskus in kindgemäßer Form.

oder

W. Fährmann/A. Fuchshuber, Franz und das Rotkehlchen, Echter/St. Gabriel, Würzburg/Mödling/Wien 1990[2].

Inhalt: Rahmenhandlung (ein Junge fängt ein Rotkehlchen und hält es in einem Vogelbauer gefangen), die auf das Leben des Franziskus hinführt; kurze Darstellung seines Lebens.

Die Bilder von A. Fuchshuber sind auch als Farbdias verfügbar: Franz und das Rotkehlchen. 19 Farbdias mit didaktisch-methodischen Hinweisen, media nova, Landshut 1990. (Vgl. Schulgottesdienste mit Religionsunterricht praktisch, Bd. 1, S. 74-76.

Technische Vorarbeiten

– Sch. malen zu Hause vorgefertigte oder selbst hergestellte Papiervögel an (Farben/Federn) und bringen sie zum SG mit (vgl. Anlage).
– Vorbereitung des Zentralbildes (mindestens A 1), das zunächst lediglich einen solitär stehenden Baum vor einer weiten Wiesen- und Felderkulisse zeigt.

Später werden in Verbindung mit dem Sonnengesang folgende Elemente und Symbole in das Bild eingefügt (s.u.) – siehe S. 57.
– Sonne
– Mond und Sterne
– Wind/Wolken
– Wasser
– Feuer
– Erde.

Verlauf

Vorspiel Orff/Glockenspiel/Orgel ...

Begrüßung „Im Namen des Vaters ..." – Hinweise zum Thema/zum Titelbild/zum SG

Lied „Alles, was Odem hat ..." (s. Religionsunterricht praktisch 1, S. 145)

Gedicht

Kind 1   Gott, ich staune,
lauter Wunder
hast du für uns ausgedacht.

Kind 2   Sag', wie hast du das gemacht,
           daß es Nacht wird jeden Abend –
           woher weiß denn das die Nacht?

Kind 3   Woher wissen die Narzissen,
           daß sie Ostern blühen müssen?
           Und die Gräser auf den Wiesen,
           daß sie plötzlich wieder sprießen?

Kind 4   Und die Petersiliesamen,
           drinnen in der dunklen Erden,
           sag', wie können sie denn wissen,
           daß sie Petersilie werden?

Kind 5   Stimmt es, daß die Erde rund ist?
           Papa sagt, daß sie sich dreht!
           Warum rutscht man dann nicht runter,
           wenn man gerade unten steht?

Kind 6   Warum fließen Wasserfälle
           unaufhörlich Tag und Nacht?
           Großer Gott, ich kann's nicht fassen,
           wie du das hast werden lassen,
           wie du alles hast gemacht.

(aus: R. Schupp/G. Vicktor, Gemeinsam feiern. Spiel- und Arbeitsblätter für Gottesdienst- und Gemeindearbeit mit Kindern, Verlag E. Kaufmann/Christophorus-Verlag, Lahr/Freiburg 1984, Arbeitsblatt 7)

Vgl. Religionsunterricht praktisch 1, S. 142

Hinführung zum Sonnengesang (L./P.)
   – „Manchmal ist die Welt zum Staunen" (s.o.)
   – Manchmal braucht man Heilige – oder Kinder –, um mit ihnen die Wunder und Geheimnisse der Schöpfung zu entdecken:
      – den Herzschlag der Eidechse
      – ein feingesponnenes Spinnennetz
      – die kleine Hand eines Neugeborenen ...

   – vor vielen hundert Jahren lebte in Italien ein Mann, der besonders gut staunen konnte.
      (ggf. hier einige biographische Hinweise einfügen, z.B.: Sohn aus reichem Haus – Trennt sich von Besitz und Kleidern – Entscheidet sich für ein Leben in Armut – Pflegt Aussätzige – Verwandelt Mörder und wilde Tiere mit seiner Liebe ...).

   (Figur des Franziskus in das Zentralbild [s.o.] einfügen.)

   Tiere – Pflanzen – Gestirne – die ganze Natur – waren für ihn Anlaß zum Staunen und Loben.

In einem Lied hat er zusammengefaßt, wofür er dem Schöpfer dankt. Mit Franziskus und seinem „Sonnengesang" wollen wir Gottes gute Schöpfung loben.

Glockenspiel Orff (o.ä.): Akkord

Der Sonnengesang

Kind 1	*(tritt mit Symbol „Sonne" auf)*
	„Ich bin die Sonne.
	Allen Menschen, Tieren und Pflanzen schenke ich mein Licht.
	Alle freuen sich über meine Wärme.
	Meine Strahlen lassen Farben aufleuchten."
	(Kind 1 fügt Sonnensymbol in das zentrale Bild ein)
Alle	*(oder Klasse/Gruppe, die im Unterricht zuvor das Lied eingeübt hat)*

Text: Margret Bernard-Kress
Melodie: Reinhard Horn

(aus: M. Bernhard-Kress, Das Sonnenlied ..., S. 26f, Textrechte: Friedrich Wittig Verlag, Hamburg; Melodierechte: Kontakte Musikverlag, Lippstadt)

Kind 2-4	*(treten mit den Symbolen „Mond" und „Sterne" auf)*
	„Ich bin der Mond –
	wir sind die Sterne.
	Leuchtend und geheimnisvoll funkeln wir
	am dunklen Nachthimmel.
	Königen und Hirten,
	Schiffen und Liebenden weisen wir den Weg."
	(Kinder fügen die Symbole in das zentrale Bild ein)
Alle	*(oder: s.o.)*
	„Sei gelobt, Bruder Mond!
	Du gibst uns Licht im Dunkel der Nacht.
	Und dort oben, klar und kostbar schön,
	dein Sternenhimmel flimmert und lacht."

Kind 5   (tritt auf mit Symbol „Wind")
                „Ich bin der Wind.
                Zwar bin ich unsichtbar.
                Doch meine Kraft und Gegenwart kann jeder spüren:
                im Zug der Wolken und im Brausen des Sturmes.
                Ohne mich könnte sich kein Löwenzahnschirmchen
                und kein Segelflugzeug in die Lüfte erheben
                und davonfliegen."
                (Kind 5 fügt Windsymbol in das zentrale Bild ein)

Alle   (oder: s.o.)
                „Sei gegrüßt, du schneller Wind,
                mal sanft, mal rasend wild.
                Du bewegst die Tier- und Pflanzenwelt
                und veränderst stets ihr Bild."

Kind 6   (tritt auf mit Symbol „Wasser")
                „Ich bin das Wasser.
                Als Tautropfen glitzere ich in der Sonne.
                Als Regen tränke ich Wiesen und Felder und
                lösche den Durst. Im Wasser der Taufe stifte
                ich neues Leben."
                (Kind 6 fügt Wassersymbol in das zentrale Bild ein)

Alle   (oder: s.o.)
                „Sei gelobt, Schwester Wasser,
                deine Quelle erfrischt die Natur.
                Durch Gewitter, Schnee und Regen
                tränkst du nützlich Wald und Flur."

Kind 7   (tritt auf mit Symbol „Feuer")
                „Ich bin das Feuer.
                Wärme spende ich und Licht,
                wenn es dunkel ist.
                Silber schmelze ich
                und Herzen aus Stein."
                (Kind 7 fügt Feuersymbol in das zentrale Bild ein)

Alle   (oder: s.o.)
                „Und du, Bruder Feuer,
                bist so fröhlich und prächtig.
                Du erleuchtest Tage und Nächte,
                deine Flamme brennt stark und mächtig."

Kind 8   (tritt auf mit Symbol „Erde")
                „Ich bin die Erde.
                Ich bringe Blumen und Früchte hervor.

In mir sind Käfer und Mäuse und Wurzeln zu Hause.
Tief in meinem Schoß graben Bergleute das Erz."
(Kind 8 fügt Erdesymbol in das zentrale Bild ein)

Alle   *(oder: s.o.)*
„Sei gelobt, Schwester Erde!
Du Mutter, die uns nährt und hält,
bringst uns Früchte, Blumen und Gräser.
Dein Duft umkreist die ganze Welt."

Überleitung (L./P.)
Wir haben gesehen und gehört, worüber Franziskus staunt und wofür er
  Gott lobt – für
  – Schwester Sonne
  – Bruder Mond und die Sterne
  – den Wind
  – Schwester Wasser
  – Bruder Feuer
  – Schwester und Mutter Erde.

Alles, was lebt, ist für ihn wie ein Geschenk, ein Geschenk der Liebe Gottes.
Franziskus ist ein gütiger Mann. Er liebt alles, was lebt. Alle Geschöpfe sind
für ihn wie Schwestern und Brüder. Er liebt nicht nur die Menschen (die
armen und unglücklichen ganz besonders). Nein, Franziskus liebt auch die
Tiere. Und die spüren: Franziskus ist ein lieber Mensch. Aus ihm strahlt
Gottes Güte.
    Davon erzählt eine Geschichte:

„Einmal wandert Franziskus mit einigen Brüdern zu einem Dorf in der Nähe
von Assisi. Auf den Bäumen am Weg sitzen Vögel der verschiedensten Art.
Sie sind nicht scheu und fliegen nicht weg. Die Meisen und Spatzen, die
Drosseln und Finken, Elstern und Eichelhäher spüren: Franziskus hat sie
lieb. Sie sind für ihn Geschöpfe Gottes.
    Franziskus hält den zutraulichen Vögeln eine kleine Predigt, eine Vogel-
predigt:
    ‚Meine Geschwister Vögel, viel verdankt ihr Gott. Er hat euch ein buntes,
weiches Federkleid geschenkt und Fittiche zum Fliegen und klare Luft zum
Atmen, Stimmen zum Zwitschern und Jubilieren.
    Eure Speise findet ihr überall. Ihr sät nicht, ihr erntet nicht, und doch
schenkt euch Gott, was ihr zum Leben braucht. Euren Durst könnt ihr in
Quellen und Seen stillen, Felsen sind eure Zuflucht, auf hohen Bäumen ist
euer Nest.
    Seid dankbar, ihr Vögel und vergeßt nie, euren Schöpfer zu loben.'
    Franziskus segnet die Vögel mit dem Kreuzzeichen. Dann erheben sie
sich und fliegen in allen vier Himmelsrichtungen auseinander – nach
Osten, nach Süden, nach Westen, nach Norden."

                                                                    (H.F.)

Musikalisches Zwischenspiel

Aktion: Worüber wir staunen

L./P. weist Kinder auf die mitgebrachten (ggf. am Eingang verteilten) Vögel
hin und fordert dazu auf, auf die Vögel zu schreiben/zu malen:
- Worüber wir staunen,
- wofür wir Gott loben können,
- was uns wunderbar erscheint (Beispiele nennen lassen).

Sch. beschriften/bemalen ihre Vögel und heften sie dann (bankweise) in
das Gemeinschaftsbild (Fotoklebebecken o.ä.).

Während der Aktion – instrumental/gesungen Platte – „Laudato si ...“
(s. Modell 5 in Band 1).

L./P. lenkt nach Abschluß der Aktion noch einmal Aufmerksamkeit auf
das fertige farbenfrohe Bild und liest ausgewählte Beispiele („Worüber
wir staunen – wofür wir Gott danken können ...) vor.

Lied/Fürbitten „Du hast uns deine Welt geschenkt“ (s. Religionsunterricht
praktisch 1, S. 148)

8. Du hast uns deine Welt geschenkt:
Du gabst mir das Leben.
Du hast uns deine Welt geschenkt:
Herr, ich danke dir.

9. Du hast uns deine Welt geschenkt:
Du gabst uns das Leben.
Du hast uns deine Welt geschenkt:
Herr, wir danken dir.

*(Text: R. Krenzer, Musik: D. Jöcker, aus: R. Krenzer/D. Jöcker, Solange die
Erde lebt, Menschenkinder Verlag, Münster 1985)*

Das Lied kann ggf. auch als Spiellied gesungen werden, vgl. Religionsunterricht praktisch 1, S. 148.

Segen

Fertiges Zentralbild

Anlage

Franz von Assisi – Lebensdaten

Bürgerliches Leben

1182	in Assisi/Umbrien als Sohn des reichen Tuchhändlers Pietro Bernadone geboren – Taufe auf den Namen „Giovanni" (Johannes) – Standesgemäße Erziehung. Leben in Reichtum und Geselligkeit. Vater nennt ihn „Francesco" (Französlein – Mutter ist Französin – Franziskus wurde geboren, während Vater auf Geschäftsreise in Frankreich war – Vorliebe von Franziskus für französische Sprache und französisch geprägte höfische Kultur)
1202/03	Teilnahme am Städtekrieg zwischen Assisi und Perugia – Gefangenschaft, Krankheit, Beginn der inneren Wandlung.
1205-1209	Stufenweise Lösung vom Vater und vom väterlichen Erbe, Einsiedlerleben in Portiuncula (Wiederaufbau von drei zerstörten Kirchen). Entscheidung für ein Leben in Armut.

Geistliches Leben

1209	Gründung des „Ordens der Minderbrüder" (Minoriten, OFM) – Radikales Leben nach dem Evangelium, bes. Mt 19). Bestätigung der Regel durch Papst Innocenz III.
1212	Gründung des „2. Ordens" der „Klarissen", genannt nach der ersten Äbtissin Klara (ebenfalls aus Assisi).
1213ff	Mission der „Minderbrüder" auch außerhalb Italiens – Franziskus kommt als „Troubadour Gottes" bis nach Südfrankreich, Spanien, Palästina und Ägypten (Predigt vor dem Sultan)
1221	Gründung des „3. Ordens" für Männer und Frauen (Laien), die eine entschieden christliche Lebensführung anstreben.
1223	Weihnachtsfeier in Greccio: Beginn des Weihnachtskrippen-Brauchs.
seit 1224	Erkrankung (seelische Erschöpfungszustände, Depressionen, zunehmende Erblindung)
1224/25	Franziskus dichtet den Sonnengesang in Portiuncula (Str. 1-8), denen er später – im Angesicht des Todes – die 9. Strophe (Todesstrophe) hinzufügt.
1228	Heiligsprechung durch Papst Gregor IX.
1230	Baubeginn der Basilika über Franziskus' Grab in Assisi.

7 Ninive soll leben (Jona)

Kurzinhalt:
- Vorspiel
- Begrüßung
- Lied „Halte zu mir, guter Gott"
- Gebet
- Jona-Spiel, mit Orffschen Instrumenten
- Lied „Du bist da, wo Menschen leben"
- Kurzansprache
- Gemeinschaftsaktion: Brot miteinander teilen, gerahmt durch Lied-strophen
- Fürbitten – Vaterunser
- Liedstrophe „Halte zu mir, guter Gott (4)
- Segen

Thematisches Stichwort

Jona ist nicht nur der „Jedermann in Israel" (H. Werner), sondern zugleich eine Figur, in der wir uns selber begegnen.

Oft sind wir
- feige wie Jona
- launisch wie Jona
- eng und ängstlich wie Jona
- voller Zweifel wie Jona
- beleidigt wie Jona
- kleinmütig wie Jona
- mißgünstig wie Jona
- mißtrauisch wie Jona.

Mit Jona können wir lernen, daß Gott Leben will und eröffnet, daß Leben ein kostbares Geschenk ist. Der Auftrag zu seiner Bewahrung schließt auch die Verantwortung für das Leben anderer ein.

Biblischer Bezug

Jona-Erzählung (Jona 4 nur i.A.)

Zentrale Idee

Im Spiel erschließt sich den Kindern die Gestalt des Jona als zeitgenössische und aktuelle Identifikationsfigur, die wider Willen zum Botschafter des Lebens wird, das Gott mit Ninive auch uns zugedacht hat.

Spielszenen und Kulissen machen das Geschehen auch für die Sch. nachvollziehbar, für die „Jona" bislang noch nicht Unterrichtsgegenstand war.

Bezug zum Unterricht

Zunächst ist (im 3. bzw. 4. Schuljahr) die Jona-Erzählung zu erarbeiten (vgl. Religionsunterricht praktisch 4, 4. Aufl., S. 163ff).

In Verbindung damit oder im Anschluß daran sind vorzubereiten:
- Orff-Stücke: Vgl. auch im Anhang die Klanggeschichte, die gut parallel zum Spiel bzw. integriert eingesetzt werden kann
- Szenisches Spiel (Vorlage s.u.) mit folgenden Personen: Jona – Erzähler 1 – Erzähler 2 – Kinder, die den „Fisch" bilden
- Kulissen (= Umkehrpunkte zum Leben) mit folgenden Motiven:
  - Silhouette der schönen Stadt Ninive
  - Hafenszene Jaffa/Schiff
  - Schiff im Sturm
  - Marktszene mit Menschen
- ggf. Erinnerungsgeschenk: Tonanhänger oder Bild mit dem Motiv „Jona im Fisch"

Technische Vorarbeiten

- Kulissen (s.o.); deren Größe ist von den jeweiligen räumlichen Verhältnissen abhängig.
  Bei einem *großen Raum* (z.B. Kirchenraum) sollten die einzelnen Bilder etwa Bettuchgröße (Material: Bettücher, Nessel oder Rotationspapier) haben. Motive mit Bleistift vorzeichnen und mit Pinseln und Abtönfarbe ausmalen.
  Bei *kleineren* Räumen: Bilder mit Faserschreiber oder Fensterfarben auf Endlos-Folie malen und mit TP projizieren.
- Blaues Tuch (oder Schwungtuch) für „Wellen"
- „Stadttor" (ca. 150 cm x 150 cm); an ihm werden (mit Doppelklebeband) befestigt:
  - die „Sünden" Ninives
  - die positiven Veränderungen in Ninive
- TP zum Ausleuchten der Kulissen
- ggf. Projektionswand (s.o.)

Das szenische Spiel ist so zu arrangieren, daß alle Kinder (also auch die hinten sitzen) etwas sehen können. Ggf. Holzkästen als Podeste verwenden.

Verlauf

Orff-Vorspiel (Melodie zur Einstimmung auf den Gottesdienst, ggf. „orientalisch" [s.u.] oder Liedanfang „Halte zu mir, guter Gott" improvisieren)

Begrüßung mit Erläuterungen zum Gottesdienst; ggf. Anmerkungen zum Jona-Motiv auf dem Liedblatt oder Hinweis, daß auf manchen Taufbecken Jona abgebildet ist (Bedeutung ?).

Lied „Halte zu mir, guter Gott" (s. Schwerter Liederbuch, Nr. 249)

Gebet

Hinführung Wie wir uns bei einem Auftrag verhalten, der uns unangenehm ist (Umweltgeschichte o.ä.)

Szenisches Spiel

Orff: *orientalisches Motiv:* Klangstäbe/Metallophon/Xylophon (1 Stab austauschen, statt 'c – d – e – g': 'c – des – e – f – g')

(Jona liest in einer Bibel)

E 1   In einem kleinen Dorf in den judäischen Bergen wohnte Jona.

E 2   Jona war ein frommer Mann. Jeden Tag las er in der Bibel und lebte nach den 10 Geboten.

E 1   Eines Tages hörte Jona Gottes Stimme:

(Jona merkt auf, hält Hand ans Ohr)

E 2   „Jona! Geh nach Ninive! Die Leute in Ninive sind gottlos und böse! Warne sie in meinem Namen! Vielleicht kommen sie zur Vernunft und kehren um von ihrem bösen Weg!"

(Jona erschrocken)

Kleiner Chor

Text u. Melodie:
Eberhard Laue

(aus: die mundorgel, Rechte: Mundorgel Verlag, Köln/Waldbröl)

E 1   In der folgenden Nacht träumte Jona von Ninive:

Orff: *Traummotiv:* Glockenspiel oder Metallophon (groß) oder andere Instrumente mit pentatonischer Reihe (z.B. Waldorf-Harfe oder Tür-Harfe/Glöckchen)

Kulisse: Silhouette der schönen Stadt Ninive

Davor Spielszenen:
   Szene 1   Reicher Mann und bettelndes Kind, das von diesem abgewiesen wird.
   Orff   Traum-Motiv
   Szene 2   Eltern haben keine Zeit für ihr Kind.
   Orff   Traum-Motiv
   Szene 3   Fremder wird unfreundlich behandelt.
   Orff   Traum-Motiv
   Szene 4   Müll.

Orff: *Traum-Motiv* (s.o.)

E 2 *(zu den Kindern)*: Von welchen Mißständen könnte Jona noch träumen?
Sch. nennen Beispiele, die ein(e) L. auf Pappstreifen schreibt, die durch Kinder an das Stadttor geheftet werden, z.B. Gewalt – Lieblosigkeit – Einsamkeit – Streit zwischen Eltern/Scheidung – Drogen – Lärm – kein Raum zum Spielen in der zubetonierten Stadt ...

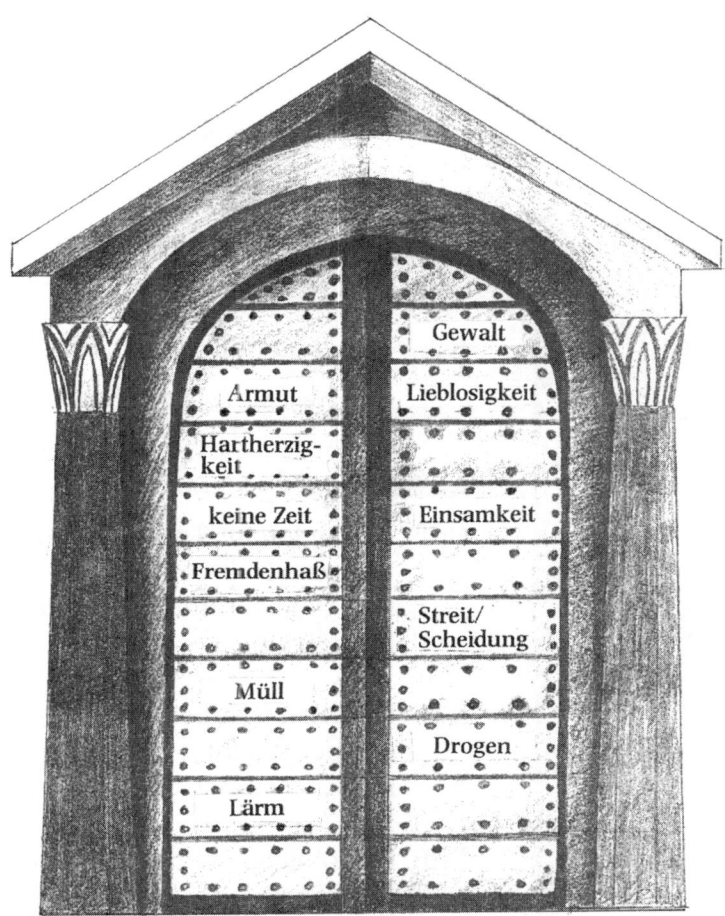

E 1 Jona wacht auf.

(Jona räkelt sich – reibt sich die Augen – hält sich den Kopf ...)

E 2 Für ihn steht fest: Nie werde ich nach Ninive gehen! Niemals! Auslachen werden sie mich, verprügeln! Vielleicht gar umbringen!

Kleiner Chor: „Jona, Jona, auf nach Ninive ...“

E 1 Eilig packt Jona ein paar Sachen zusammen.

(Jona packt ...)

E 2 Dann rennt er los – zum nächsten Hafen, nach Jaffa.

(Jona hetzt durch die Kirche)

Kleiner Chor: „Jona, Jona, auf nach Ninive ...“

Kulisse: Hafenszene Jaffa/Schiff

> *(Jona bleibt atemlos vor der Kulisse stehen)*

E 1   In Jaffa liegt ein Schiff zur Ausfahrt bereit. Die letzten Fässer werden gerade für die weite Fahrt nach Tarsis verladen.

E 2   „Bitte, nehmt mich mit!“ fleht Jona. „Ich zahle euch den doppelten Fahrpreis! Bitte, nehmt mich mit!“

> *(Jona zahlt und „geht an Bord“)*

Kleiner Chor: „Jona, Jona, auf nach Ninive ...“

E 1   Die Häuser von Jaffa werden kleiner. Allmählich verschwimmt die Küste im Dunst. – „Nur weg von hier!“ denkt Jona, „weg von Gottes Auftrag! – Weg von Ninive! Nach Tarsis in Spanien – ans Ende der Welt!“

E 2   Erleichtert fällt Jona in einen tiefen Schlaf.

> *(Jona legt sich auf den Boden)*

Kulisse: Schiff im Sturm

Orff: *Sturm:* Pauke/Trommel – Ferner: Contra-Baß/Klavier (tiefe Lagen)/ Über den Hals von leeren Weinflaschen o.ä. blasen/Mundstück einer Blockflöte/Drainage-Schlauch kreisen lassen –> Sphärenklänge) Blitz: Triangel o.ä.

E 1   Draußen braut sich ein mächtiger Sturm zusammen. Blitze zucken, Donner kracht. Haushohe Wellen schlagen über dem Schiff zusammen ...

Orff: bedrohliche, schrille Geräusche (s.o.)

E 2   In ihrer Todesangst wecken die Matrosen Jona auf (Orff: schrill, oder Wecker)

E 1   Steh auf, Fremder! Bist du vielleicht an unserem Unglück schuld?

> *(Jona steht verstört auf)*

Alle   Hilfe! Hilfe!

E 2   Jona stottert: „Ich – ich – ich bin – meinem Gott – davongelaufen. – Eigentlich – eigentlich sollte ich nach – nach Ninive! Doch ich habe – Angst! Ich wollte weg von Ninive – und weg von Gott! Und jetzt ist Gott hinter mir her. Ich bin – verloren! Werft mich ins Meer. Dann habe ich Ruhe und ihr habt Ruhe!“

Orff: schrill (wie zuvor)

E 1   Und die Matrosen werfen Jona ins tosende Meer.

(Einige Kinder bilden mit ihren Körpern einen „Fisch", der vorn eine Mundöffnung aufweist. Andere Kinder simulieren mit einem blauen Tuch in halber Höhe vor dem „Fisch" die Wellen – Jona verschwindet im „Fisch".)

E 2   Der Sturm flaut allmählich ab, das Meer wird ruhiger (Tuch allmählich zur Ruhe kommen lassen), die Sonne bricht durch die Wolken.

Orff: *Ruhiges Motiv* (Metallophon/Glockenspiel/Triangel: Dur-Dreiklang)

E 1   Jona, der sterben wollte, ist nicht tot. Gott will, daß Jona lebt.
E 2   Darum sitzt Jona im Bauch des Fisches – mit angezogenen Armen und Beinen. Wie ein Säugling im Bauch seiner Mutter fühlt sich der Prophet.
Es ist dunkel; er ist allein. Doch er lebt. – Er lebt!
E 1   Es ist wie ein Wunder. In hohem Bogen schießt Jona aus dem geöffneten Maul des Fisches heraus und fällt in seichtes Wasser.
(Jona springt aus dem „Fisch" und bleibt auf dem Boden liegen. – Tuch wegziehen, Kindergruppe tritt ab)
E 2   Mit letzter Kraft kriecht Jona an Land und kauert sich dort hin.

(Jona kauernd)

E 1   Tausend Gedanken schießen ihm durch den Kopf:
 – Gottes Auftrag
 – seine gescheiterte Flucht
 – der Sturm
 – seine wunderbare Rettung.
E 2   Jetzt fühlt er sich wie neugeboren. Und dann stimmt er ein Loblied an, erst leise, dann immer lauter werdend:

Alle   *(leise beginnen, dann lauter werden)*
Lied   „Ich lobe meinen Gott, der aus der Tiefe mich holt ..." (s. Schwerter Liederbuch, Nr. 16)

E 1   Und wieder hört Jona Gottes Stimme:
„Jona! Geh nach Ninive! Die Leute in Ninive sind gottlos und böse! Warne sie in meinem Namen! Vielleicht kommen sie zur Vernunft und kehren um von ihrem bösen Weg!"
E 2   Und diesmal geht Jona nach Ninive.

Kulisse: Silhouette der schönen Stadt (s.o.)

Orff: *Orientalisches Motiv* (s.o.)

E 1   Tagelang wandert Jona durch die riesige Stadt und betrachtet die Menschen. Gott hat recht: Sie sind wirklich gottlos; sie sind böse:

Orff: *Dumpfe Trommelschläge* (mehrere Trommeln [Pauken], jede mit eigenem Rhythmus [–> verflochtener Teppich verschiedener Rhythmen])

Kulisse: Marktszene mit Menschen

E 2   Jona faßt sich ein Herz. Er stellt sich mitten auf den Marktplatz von Ninive – mitten zwischen die Händler und Marktbesucher.

(Jona steigt auf die Kanzel oder mischt sich mitten unter die Kinder)

Jona *(schreit so laut er kann):* „Ihr Leute von Ninive! Hört die Botschaft meines Gottes für euch: Noch 40 Tage und dann wird Ninive in Schutt und Asche liegen. Alle Menschen werden sterben! Eure Bosheit schreit zum Himmel! – Noch 40 Tage, – dann wird Ninive untergehen!"

Orff: Trommel, dumpf (wie zuvor)

E 1   Einige Zuhörer lachen über den fremden Propheten. Andere sind wütend und wollen ihn verprügeln. – Doch manche werden auch nachdenklich.

E 2   „Es ist wahr", sagen sie, „wir leben nicht nach Gottes Geboten. Wir machen uns und unsere schöne Stadt kaputt. – Gott will uns warnen, damit wir umkehren. Er will uns durch Jona vor dem sicheren Untergang bewahren!"

E 1   Und die Leute von Ninive werden traurig wegen ihrer Schuld. Auch der König wird traurig. Der König und die Leute von Ninive essen nichts und trinken nichts und ziehen dunkle Trauer-Kleider an.

E 2   Aus tiefem, traurigem Herzen singen sie:

Text: Liturgie
Musik. Peter Janssens

(aus: Ein Halleluja für dich, 1973, Rechte: Peter Janssens Musik Verlag, Telgte-Westfalen))

E 1   Die Leute von Ninive änderten sich wirklich:

Spielszenen mit positiven Veränderungen:
   Szene 1: Reicher Mann gibt hungrigem Kind etwas zu essen.

Szene 2: Eltern spielen etwas mit ihrem Kind.
Szene 3: Fremder wird von einer Familie zum Essen eingeladen
Szene 4: Kinder räumen Müll fort.

Aktion: Streifen am Stadttor umdrehen oder überkleben.

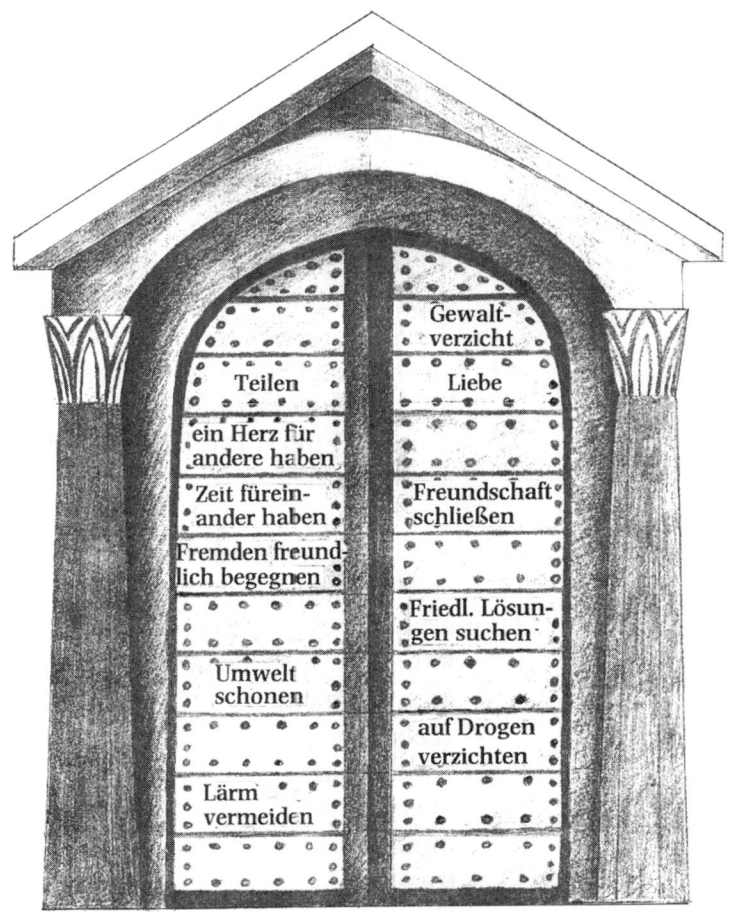

Stadttor öffnen (Was ist dahinter ???).

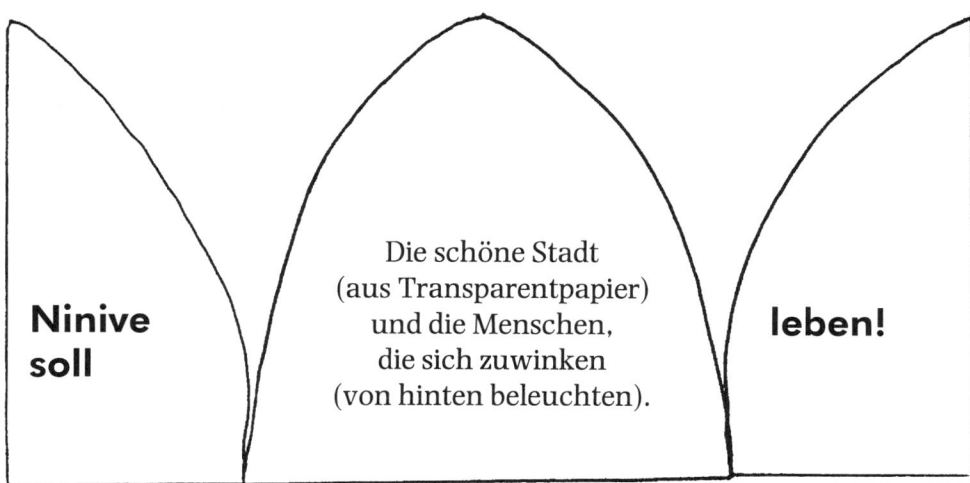

Ninive soll — Die schöne Stadt (aus Transparentpapier) und die Menschen, die sich zuwinken (von hinten beleuchten). — leben!

E 2   Immer mehr Menschen änderten ihr Leben ...
Jonas harte Strafpredigt hatte ihnen die Augen geöffnet. Gott hatte sie vor dem sicheren Untergang bewahrt. – Alle waren froh und dankbar.

E 1   Nur einer konnte sich überhaupt nicht freuen:

(Jona kommt wütend von der Kanzel herunter und geht schimpfend durch die Kirche)

E 2   Strafe und Gericht hatte Jona angekündigt, – doch Gott hatte es sich anders überlegt. Wie ein Depp stand Jona jetzt da. Zornig wandte er der Stadt und Gott den Rücken zu.

E 1   „Jona", sagte Gott freundlich zum Propheten, „Jona, ich wollte die Stadt nicht zerstören, sondern retten. Du hast sie durch deine Warnung gerettet. – Danke, Jona. Freu' dich mit mir über das neue Leben in Ninive!"

Lied „Du bist da, wo Menschen leben ..." (s. Schwerter Liederbuch, Nr. 160)

Ansprache (Aspekte): Mögliche Fortsetzung der Jona-Erzählung?
  – Situationen, in denen wir uns manchmal wie Jona im Wal(fisch)-bauch fühlen;
  – „Lebensbotschaften" für das Zusammenleben in der Schule;
  – Manchmal muß man durch Dunkles hindurch, um „ein neuer Mensch" zu werden ... (Hinweise auch auf Märchen);
  – Jona hat seinen Auftrag erfüllt – und was ist (mit) unser(erem) Auftrag?
  – Der Gott, der auch uns im Leben und ins Leben begleiten will.

Liedstrophe: „Du bist da, wo Menschen leben ..." (Str. 2)

Aktion Brot teilen und weitergeben (= Zeichen der Gemeinschaften und des Lebens)

Liedstrophe: „Du bist da, wo Menschen leben ...“ (Str. 3)

Fürbitten (Stichworte):
Situationen des Gefangenseins in unserem Leben (z.B. Wut, Rechthaberei, Angeben ...)
Wie wir Leben schützen und anderen zu mehr Leben verhelfen können
Unser Leben – in Gottes Händen geborgen

Vaterunser

Liedstrophe: „Halte zu mir, guter Gott“ (Str. 4)

Segen

Erinnerungsgeschenk: Tonanhänger oder Bild mit Motiv „Jona im Fisch“ oder Button)

Jona - Ninive soll leben (Klanggeschichte)

Text-Ereignis	Instrument	Töne u. Klänge	Erläuterungen
1. Jona-Motiv	Bass-Metallophon	besser: Schüler finden ein Motiv	Zur Erleichterung: nur pentatonische Töne (ohne F. H oder B) auflegen
2. Auftrag (Signal) Ninive soll untergehen	Hängendes Becken, Sopran- u. Alt-Glockenspiel, Xylophone, Handtrommeln	Töne (egal welche) in Sekundenabständen, unregelmäßig	kann wieder pentatonisch sein, zusammen
3. Jona reagiert mit Unwillen und Flucht	Bass-Metallophon, Klanghölzer X		
4. Im Hafen	Flaschen		Schiffssirenen

Text-Ereignis	Instrument	Töne und Klänge	Erläuterungen
5. Jona geht an Bord Wellenbewegung Schlaf	Bass-Metallophon	weiter leiser	
6. Wind kommt auf, Sturm wird stärker	Trommel reiben Stimmen Füllerhüllen Glockensp.+Xylophon	sch sch	Crescendo-Klänge auf vielen Instrum. auch Körperinstrum. Zuhörer machen mit !
7. Gespräch mit Jona	wie 1, dann wieder 6		
8. Jona wird ins Meer geworfen	Guiro Cymbeln	stille	
9. Jona im Bauch des Fisches	wie 1 leise Glockensp. Bass-Xyloph. Gläserränder mit nassem Finger reiben		möglichst tief klingend (wenig Wasser)

Text-Ereignis	Instrument	Töne und Klänge	Erläuterungen
10. Jona wird an Land gespuckt	(Symbol)	(Notensymbol)	
11. Erneuter Auftrag	wie 2		
12. Jona stimmt zu u. geht nach Ninive	wie 1 dazu ✕	(Punkte/Notensymbole)	
13. Er kündigt Gottes Gericht an	(Symbol) Flötenkopf in Handfläche kippen	(Wellenlinien/Notensymbole)	Sirenengeräusch
14. Menschen ändern sich zum Guten	2 Xylophone Glockenspiel u. Bass-Xylophon	usw... Dreiklänge, im Kanon (wie bei 9)	Wohlklänge
15. Gottes Erbarmen	(Gläser Symbol)	(Notensymbol)	hoch klingend (hoher Wasserstand)

Uta Langewellpott

8 | Kirche: Ein Haus aus vielen bunten Steinen

Kurzinhalt:
– Lied „Wo zwei oder drei ...“
– Begrüßung
– Gebet
– Lied „Ein Haus, das sich Gemeinde nennt“
– Lesung: Paraphrase zu 1. Petrus 2, 4ff
– Lied „Gott baut ein Haus“
– Aktion: Wir bauen eine Kirche aus lebendigen Steinen
– Kurzansprache
– Tanzlied „Wo zwei oder drei“
– Gebet – Vaterunser
– Schlußlied „Zieh den Kreis“
– Segen

Thematisches Stichwort

Das Thema „Kirche/Gemeinde“ kann in unterschiedlichen Bildern gefaßt werden (vgl. Religionsunterricht praktisch 3, S. 9ff), die sich mehr oder weniger gut im Gottesdienst entfalten lassen:
– Schiff
– Leib Christi
– Weinstock – Reben
– Weinberg
– Gottes Volk auf dem Weg.

Hier wird – in Aufnahme des thematischen Schwerpunktes in dem Entwurf „Kirche: Ein Haus für viele“ (Religionsunterricht praktisch 3, a.a.O.) – das *Symbol des Hauses*, das aus verschiedenen Teilen und Bauteilen besteht, in den Mittelpunkt gerückt.

Kirche im Symbol des Hauses läßt an Heimat, Geborgenheit, Schutz, Gemeinschaft denken, vor allem aber an Menschen, die in diesem Haus zusammenkommen („Haus“ meint hier mehr als das Gebäude der Kirche), kommunizieren, feiern. Dieses Haus konstituiert sich aus „lebendigen Steinen“ (1. Petr 2,5), aus Menschen unterschiedlicher Prägung, Hautfarbe, Berufe, Fähigkeiten, Altersstruktur, die jedoch, jeder an seinem Ort, Bedeutung für das Ganze haben.

Die Einlösung dieses theologischen Anspruchs in der säkularen Wirklichkeit, in der sich unsere Kinder bewegen, stößt an Grenzen. Nur wenige Kinder haben eine religiöse Sozialisation erfahren, kennen Kindergottesdienst oder gemeindliche Kindergruppen aus eigener Erfahrung. Umgekehrt: Wie muß eine Kirche, eine Gemeinde gestaltet sein, die von Kindern als Heimat erfahren wird?

Wir meinen, daß der Ansatz beim Schulgottesdienst selbst gesucht werden sollte. Dieser trägt in sich die große Chance, von den Kindern als Heimat und Ort des Wohlfühlens erlebt zu werden. Hier ist Raum für ihre Freuden und für ihre Fragen und Ängste. Durch Phantasie und langen

Atem kann in Kindern das Bild von der Kirche als bergendem Haus aus vielen bunten Steinen Raum gewinnen.

Nach unserer Vorstellung sollte der Gottesdienst unter dem Thema „Kirche: Ein Haus aus vielen bunten Steinen" ökumenisch verantwortet werden, da hier in besonderer Weise gemeinsame Erfahrungen angesprochen werden.

Biblischer Bezug

1. Petr 2,4ff mit der Metapher von Christus als „lebendigem Stein", durch den Christen ihrerseits zu „lebendigen Steinen" im geistlichen Haus (= Organismus lebendiger Menschen) werden. „Die Christen sollen sich als Glieder der Gemeinschaft wissen und bewähren, die auf den 'lebendigen Stein' gegründet ist, der von den Menschen verworfen wurde" (L. Goppelt, Der erste Petrusbrief, Göttingen 1978, S. 144).

Zentrale Idee

Das Bild von der Kirche als Haus aus vielen bunten Steinen (s. auch das Lied „Gott baut ein Haus, das lebt, aus lauter bunten Steinen ...") wird spielerisch umgesetzt. Kinder verschiedener Klassen bauen aus vorbereiteten Bausteinen (= bemalten/beschrifteten Schuhkartons) ein offenes Haus (= Kirche) mit Fundament, Mauern und Dach. In der Vielgestaltigkeit und Farbigkeit der Steine spiegelt sich der Gedanke von der Gemeinde als dem „Haus der lebendigen Steine" (1. Petr 2,4ff).

Bezug zum Unterricht

Im vorausgehenden RU eines 3. bzw. 4. Schuljahres wird schwerpunktmäßig die Einheit „Kirche: Ein Haus für viele" (s. Religionsunterricht praktisch 3, S. 9ff) bzw. „Evangelisch – Katholisch – Ökumene" (Religionsunterricht praktisch 3, S. 35ff) durchgeführt. Deren Ertrag bildet gleichsam das Fundament des Schulgottesdienstes.

Doch auch die Sch. der anderen Jahrgänge sollten an der Vorbereitung und Gestaltung des Gottesdienstes beteiligt werden, um dem didaktischen Ansatz Rechnung zu tragen, daß Kirche vom Engagement vieler lebt.

In Gruppenarbeit bzw. Jahrgangs-Gruppenarbeit sind vorzubereiten:

Gruppe 1 *Fundament-Steine:* Sch. schreiben bzw. malen (Symbole) auf div. Kartons (s. technische Vorarbeiten) Begriffe, die im Sinne des Fundaments das Haus der Kirche (bzw. das Zusammenleben der Christen) tragen.

Gruppe 2 *Mauer-Steine „Kinder":* Sch. malen von sich selbst (und anderen Kindern) etwa handtellergroße Porträts, schneiden sie aus und kleben sie auf die Kartons (ca. drei Porträts pro Karton).

Gruppe 3 *Mauer-Steine „Erwachsene":* gleiches Verfahren

Gruppe 4 *Mauer-Steine „Mitarbeiter in der Gemeinde":* Diese Steine sollten von den Sch. vorbereitet, eingebracht und kommentiert werden, die die Einheit im Unterricht durchgeführt haben.

Gruppe 5 *Herstellung des Daches:* Das Dach für Turm und Schiff kann entweder aus bunten Kreppapier-Bändern (ca. 10 cm breit) oder Tonpapier-Streifen angefertigt werden.

Wir wollen den Gedanken des „Schutzes" unterstreichen und haben darum die Bänder bzw. Streifen mit Sätzen aus Ps 91 beschriftet.
Die Bänder bzw. Streifen werden im Gottesdienst dann nach und nach so befestigt, daß sich am Ende ein Dach ergibt.
Vorschlag zur Aufteilung:

  1 Wer unter Gottes Schirm lebt
  2 Und bei ihm bleibt
  3 Der kann zu ihm sagen:
  4 Du bist meine Zuflucht
  5 Du bist meine feste Burg
  6 Du bist wie ein Haus, das mich beschützt
  7 Du bist meine Sicherheit
  8 Du bist mein Schirm
  9 Auf dich kann ich mich verlassen
10 Du behütest mich auf meinen Wegen
11 Wenn ich in Not gerate, bist du bei mir
12 Wenn ich traurig bin, gibst du mir neuen Mut
13 Du trägst mich auf Händen
14 Nichts Böses wird mir zustoßen
15 Wer unter Gottes Schirm lebt
16 Und bei mir bleibt
17 Der kann sagen:
18 Du bist wie ein Haus, das mich beschützt!

(Nach Ps 91)

Technische Vorarbeiten

Schuhkartons organisieren: rechtzeitig (d.h. ca. 14 Tage vor Beginn der Vorbereitungen) Schuhgeschäfte um Aufbewahrung von (möglichst gleichgroßen) Kartons bitten und abholen (lassen).

Schuhkartons farbig anmalen (Plaka- oder Abtönfarbe) bzw. bekleben (Krepp- oder Transparentpapier).

Die so vorbereiteten Kartons in den verschiedenen Gruppen wie angegeben bearbeiten lassen.

Zur Verbesserung der „Statik" können die Kartons mit Wäscheklammern oder Packband verbunden werden.

Wer den Aspekt „Leben" noch verstärken will, kann u.U. (natürliches Material oder Kreppapier) in die Mauerritzen Zweige, Gräser oder Ranken einfügen.

Verlauf

Eingangslied „Wo zwei oder drei" (Schwerter Liederbuch, Nr. 180)

Begrüßung Hinweise zum Thema – zu den mitgebrachten „Bausteinen" etc.

Gebet (Aspekte unter Bezug auf das Eingangslied):
Gott mitten unter uns – in diesem Gottesdienst – in der Schule – auf der Straße – beim Spielen – in diesem Haus – wenn wir fröhlich/wenn wir traurig sind ...

Lied „Ein Haus, das sich Gemeinde nennt"
(Zu singen nach der Melodie „Ein Schiff, das sich Gemeinde nennt ...")

Ein Haus, das sich Gemeinde nennt, hat eine off'ne Tür,
es bietet Zugang für die Welt, gehört nicht mir und dir.
Ein jeder kann zu uns herein, ob mit, ob ohne Paß;
im Namen Jesu leben wir. Da macht das Leben Spaß!
Die Menschen haben Phantasie, die sie zusammenschweißt.
Sie teilen alles, im Vertrau'n auf Gottes Heil'gen Geist.
Bleibe bei uns, Herr! Bleibe bei uns, Herr;
denn sonst sind wir allein,
und das Haus, es bleibt leer.
O, bleibe bei uns, Herr!

(aus: G. Vicktor, 100 Tips für einen kreativen Kindergottesdienst, Verlag Ernst Kaufmann, Lahr 1990, S. 80)

Lesung Paraphrase zu 1.Petr 2,4ff:
Auch die Bibel vergleicht die Gemeinde der Christen einmal mit einem Haus:
„Kirche – das ist wie ein Haus aus vielen bunten, lebendigen Steinen.
Damit sind Menschen gemeint. Menschen sind die lebendigen Steine im Haus der Kirche.
Der wichtigste und kostbarste Stein in diesem Haus ist Jesus. Ihn haben Menschen getötet. Sie haben ihn weggeworfen – wie einen wertlosen Stein. Für Gott aber ist Jesus kein wertloser Stein, sondern ein besonders wertvoller Stein. Gott hat ihn mit neuem Leben erfüllt. Er hat Jesus zum Grundstein im Haus der Kirche gemacht.
Ihr gehört zu Jesus. Ihr gehört zu seinem Haus. Ihr seid lebendige Steine im Haus der Kirche Jesu und in der Gemeinschaft der Christen."

Lied „Gott baut ein Haus", Str. 1 (Schwerter Liederbuch, Nr. 187)

Hinführung
L./P. zeigt Maurerkelle und einen (Kalksand)Stein – Sch. sprechen dazu und berichten von Beobachtungen beim Bau eines Hauses:
– Menschen/Handwerker, die beim Bauen mithelfen
– Die Teile eines Hauses (Fundament, Mauern, Dach, Tür, Fenster ...)

Anleitung zur Aktion: Anknüpfung an die Liedaussage („Gott baut ein Haus ...") – „Auch wir wollen in diesem Gottesdienst ein Haus bauen, ein Haus aus Karton-Steinen, aus Steinen, die voller Leben sind – wie wir. – Viele haben dazu etwas vorbereitet. Womit fangen wir an?" (–> Fundament; ggf. Rückverweis auf das hinführende Gespräch.)

Aktion (1) Erste Schülergruppe bringt die „Fundament-Steine". Sch. halten sie nacheinander hoch und nennen jeweils ihren Begriff, der ggf. als Symbol auf den Karton aufgemalt/aufgeklebt ist. Nach Möglichkeit fügen sie einen erläuternden Satz hinzu, z.B.

Schüler 1: „Mein Fundament-Stein heißt *Liebe*. Liebe verbindet Menschen
miteinander."

Schüler 2: „Mein Fundament-Stein heißt *Jesus*. Jesus ist das Fundament
der Kirche."

Schüler 3: „Mein Fundament-Stein heißt *Taufe*. Durch die Taufe gehören
wir zu Gott und zur Gemeinde.

Weitere Inhalte der Fundament-Steine können sein:
– Bibel
– Vertrauen
– Hoffnung
– Glaube
– Geduld
– Zeit
– Christen vor uns ...

Sch. legen die Fundament-Steine an der vorgesehenen Stelle nebeneinan-
der auf den Boden (Schrift bzw. Symbole zur Gemeinde weisend).

Liedstrophe „Gott baut ein Haus", Str. 2

Aktion (2) L./P.: „Was soll als Nächstes gebaut werden?" (–> die Mauern
mit Tür und Fenstern)
Verschiedene Klassen/Schülergruppen bringen nacheinander ihre
„Steine" und bauen Schiff und Turm. Ein Kind aus jeder Gruppe infor-
miert, welche „Steine" jetzt in die Mauer eingebaut werden.

Gruppe 2: Div. Kindergesichter in unterschiedlichen Situationen (fröhlich, traurig, farbig, krank, in der Schule, beim Spielen, im
Urlaub, Taufe ...)

Gruppe 3: Erwachsene (Eltern, Großeltern, Lehrer, Menschen in unserer Stadt/Dorf/Siedlung ...)

Gruppe 4: Mitarbeiter in der Kirche (z.B. Küster, Gemeindeschwester,
Erzieherinnen, Organist, Kindergottesdiensthelfer, Pfarrer/
in, Tischmutter, Presbyter/Pfarrgemeinderatsmitglied, Frei-
zeithelfer ...)

Beim Bau des Hauses sind auch Tür- und Fensteröffnungen zu berücksichtigen.

Liedstrophen (ggf. auch zwischen den einzelnen Gruppen-Aktivitäten
singen) „Gott baut ein Haus", Str. 3–5

Aktion (3) L./P. verweist auf den „Baufortschritt" und auf das noch fehlende Dach.

Gruppe 5: Sch. decken das Dach: Sie lesen ihren Psalmvers vor und
legen ihre Streifen dann über den Turm bzw. das „Schiff", so
daß nach und nach ein schützendes, bergendes „Dach" entsteht.

Liedstrophe „Gott baut ein Haus", Str. 6

Deutung/Ansprache (Aspekte): „Was unser Baustein-Haus erzählt"
- *Fundament:* Was unser Haus trägt
- *Mauer* aus „lebendigen Steinen"
  (Viele unterschiedliche Steine/Jeder Stein hat seinen Platz bzw. eine tragende Funktion für das Gesamtgefüge [Wenn ein Stein herausbricht ...])
- Erst aus dem Gesamtgefüge der Steine entsteht ein Haus
- *Wir* sind die lebendigen Steine, aus denen Gott seine Gemeinde baut
- *Dach:* Gottes Schutz und Fürsorge für das Haus
- Die *offene Tür*: Einladung für alle
  - zur Gemeinschaft
  - zum Hören
  - zur Erfahrung von Geborgenheit
  - zum Feiern ...
  - Kirche als *offenes Haus*

Tanz (Schülergruppe) „Wo zwei oder drei" (Schwerter Liederbuch, Nr. 180)
Ausgangsstellung: Kreisform, Hände durchgefaßt.

1. Teil:
1. Takt
Der rechte Fuß wird nach rechts gesetzt. Den linken Fuß anstellen. Den rechten Fuß wieder nach rechts setzen, den linken Fuß über den rechten schwingen.

2. Takt
Wie Takt 1, aber gegengleich.
Takte 1 und 2 wiederholen bis zum Ende des ersten Teils.

2. Teil:
Wo zwei oder drei in
Mit dem rechten Fuß beginnend vier Schritte zur Kreismitte. Die Hände durchgefaßt lassen.

meinem Namen beisammen sind, da
Mit vier langsamen Schritten nach links drehen, bis das Gesicht nach außen schaut. Die Arme werden beim Drehen hochgehoben. Die Hände nicht loslassen. Dadurch legt sich der rechte Arm auf die Brust.

bin ich mitten
Wieder zurückdrehen mit vier langsamen Schritten.

unter ihnen
Mit vier langsamen Schritten zurück zur Ausgangsstellung. Rechter Fuß beginnt.
Wird das Lied im Kanon getanzt, dann werden zwei Kreise gebildet, die nacheinander einsetzen.

(aus: W. Schneider, Lobt ihn mit Tanz, Verlag Herder, Freiburg i.Br. 1990, S. 49f)

Gebet
1. Viele Teile hat das Ganze.
   Doch im Ganzen liegt die Kraft.
   Jeder Teil gehört zum Ganzen.
   Das ist Partnerschaft.
   Jeder Teil gehört zum Ganzen.
   Das ist Partnerschaft.

2. Viele Glieder hat der Körper.
   Jedes Glied zum Ganzen strebt.
   Jedes Glied gehört zum Ganzen.
   Die Gemeinde lebt.
   Jedes Glied gehört zum Ganzen.
   Die Gemeinde lebt.

3. Viele Schafe hat die Herde.
   Sie gehört dem Hirten Christ.
   In der Herde Christi
   jedes Schaf geborgen ist.
   In der Herde Christi
   jedes Schaf geborgen ist.

4. Viele Steine, ganz verschieden,
   bilden unsres Gottes Haus.
   Alle diese Steine kommen
   ohne Gott nicht aus.
   Alle diese Steine kommen
   ohne Gott nicht aus.

(Text: Kurt Rommel, © Strube Verlag, München-Berlin)

Der vorstehende Text ist als Lied abgedruckt in: Familien- und Jugendgottesdienste 4/90.

Vaterunser

Schlußlied: „Zieh den Kreis"
   (zur Unterstreichung des Gemeinschaftsgedankens können sich die Sch. ggf. anfassen oder einander die Hände auf die Schultern legen. Wo es die örtlichen Gegebenheiten zulassen, u.U. mehrere Kreise [gestaffelt] bilden)

Segen

Text u. Musik:
Dr. Heinz-Georg Surmund

2. Wenn du sprichst, sprich nicht allein,
   steck andre an, sprechen kann Kreise ziehn.
   Wenn du sprichst, sprich nicht für dich,
   sprich andre an: Zieh ...

3. Wenn du hörst, hör nicht allein,
   steck andre an, hören kann Kreise ziehn.
   Wenn du hörst, hör nicht für dich,
   hör für mich mit: Zieh ...

4. Wenn du weinst, wein nicht allein
   steck andre an, weinen soll Kreise ziehn.
   Wenn du weinst, wein nicht für dich,
   schließ dich nicht ein: Zieh ...

5. Wenn du lachst, lach nicht allein,
   steck andre an, lachen soll Kreise ziehn.
   Wenn du lachst, lach nicht für dich,
   lach andren zu: Zieh ...

(aus: Weitersagen [IMP 1006 – nicht mehr lieferbar], Rechte: Impulse-Musik-verlag, 48317 Drensteinfurt)

Regenbogen –
Hoffnungszeichen
(Noah – Schöpfung)

Sabine.10 J

Kurzinhalt:
- Begrüßung
- Lied „Singen unterm Regenbogen"
- Gebet
- Lied „Der grüne Zweig"
- Szenisches Spiel zu Noah (mit einem grünen Zweig)
- Tanz mit Bändern „Ein bunter Regenbogen"
- Gemeinschaftsaktion: Was ich zum Schutz der Schöpfung tun kann
- Lied „Regenbogen, buntes Licht"
- Gebet – Vaterunser
- Lied „Der Himmel geht über allen auf"
- Segen

Thematisches Stichwort

Das Farbspiel des Regenbogens, aus der Brechung von Sonnenlicht im Wasserschleier des Regens gebildet, ist faszinierendes Naturschauspiel und Symbol zugleich.

Als Symbolzeichen steht der Regenbogen für:
- die Verbindung von Himmel und Erde
- den Bund zwischen Gott und den Menschen (Gen 9,9ff)
- Leben (Sonne bricht durch Wolken und Dunkelheit)
- Schutz Gottes und Gemeinschaft (unter dem Bundes- und Lebenszeichen leben – der Bogen schließt alle/alles ein).

Dieser Entwurf wie auch der in Band 1 Nr. 4 heben darauf ab, daß Leben unter dem Bundes- und Hoffnungssymbol (bei aller grundsätzlichen Bedrohung) im Zeichen der Bewahrung und immer neuer Anfänge und der Verantwortung für Gottes gute Schöpfung steht. (Vgl. Schulgottesdienste mit Religionsunterricht praktisch, Bd. 1, S. 64)

Biblischer Bezug

Noah-Erzählung (Gen 6-9 i.A.)

Zentrale Idee

Der grüne Zweig als Symbol des neuen, wiedererwachenden Lebens steht im Mittelpunkt dieses Entwurfs.

Bezug zum Unterricht

Der Schulgottesdienst wird primär von Schülern des 4. Jahrgangs verantwortet, für die „Noah" Lehrplangegenstand ist (s. Religionsunterricht praktisch 4, 4. Aufl., S. 163ff).

Der Entwurf ist jedoch so angelegt, daß auch Sch. anderer Jahrgangsstufen in das Thema einbezogen bzw. an der Gestaltung beteiligt werden können. (Vgl. ebd.)

Spezifisch für diesen Entwurf sind vorzubereiten bzw. zu organisieren:
- Regenbogen (s. Bd. 1, Nr. 4) – die Farbe „grün" wird zunächst ausgespart und später gemeinsam eingebracht (s.u.)
- Arche: Umrisse mit Springseilen o.ä. legen

– Tiere: als Flachpuppen gestalten (Umrisse auf Pappe zeichnen, ausmalen, ausschneiden, an Stock befestigen)
– Wellen: Bänder aus blauem Kreppapier oder blaue Tücher

Technische Vorarbeiten

Regenbogen: s.o. und Bd. 1, Nr. 4
Erinnerungsgeschenk: Bastel- und Ausmalbogen „Regenbogen mit Taube" (s. Anlage)

Verlauf

Begrüßung mit Hinweis auf den „Regenbogen"

Lied

Text: Rolf Krenzer
Musik: Detlev Jöcker

2. Lachen unterm Regenbogen,
   Lachen, das steckt an.
   Seht den bunten Regenbogen,
   freut euch mit daran!
   Ich fang' an!
   Du bist dran!
   Jeder lacht, so laut er kann.
   Ich fang' an!
   Du bist dran!
   Ja, lachen, das steckt an.

3. Tanzen unterm Regenbogen,
   Tanzen, das steckt an.
   Seht den bunten Regenbogen,
   freut euch mit daran!
   Ich fang' an!
   Du bist dran!
   Jeder tanzt, so gut er kann.
   Ich fang an!
   Du bist dran!
   Ja, tanzen, das steckt an.

4. Danken unterm Regenbogen,
   weil uns Gott verspricht
   mit dem bunten Regenbogen:
   Er vergißt uns nicht.
   Schaut ihn an!
   Freut euch dran.
   So viel Farben sind zu sehn.
   Schaut ihn an!
   Freut euch dran!
   Er ist so wunderschön!

(In: Rolf Krenzer, Wir kleinen Menschenkinder, Rechte: Menschenkinder Verlag, 48157 Münster 1992, S. 108f)

Eingangsgebet

Lied: „Der grüne Zweig" (Schwerter Liederbuch, Nr. 94)

Szenisches Spiel

Personen:	Noahs Frau
„Zweig": L./P.	Noahs Söhne und deren Frauen:
Kind 1	Kind 4 (Sem) und dessen Frau
Kind 2	Kind 5 (Ham) und dessen Frau
Kind 3	Kind 6 (Jafet) und dessen Frau
Noah (langes braunes Gewand)	

(L./P. stellt sich mit grünem Zweig vor und (er)klärt dessen Bedeutung, gibt ihm eine Stimme)

Grüner Zweig	„Ich bin ein Zweig, ein Zweig mit frischen grünen Blättern."
Kind 1	„Das haben wir doch längst gesehen!"
Kind 2	„Ein Tannenzweig wäre mir lieber. Der erinnert mich an Weihnachten und an die tollen Geschenke, die ich am letzten Heiligen Abend bekommen habe."
Grüner Zweig	„Könnt ihr euch vorstellen, daß es einmal einen Menschen gegeben hat, der sich über einen Zweig wie mich mehr gefreut hat als über die herrlichsten Weihnachtsgeschenke?"
Kind 3	„Das gibt es nicht!"
Grüner Zweig	„O doch, und ob es das einmal gegeben hat! Ich will euch davon erzählen. Viele schlimme Dinge waren damals auf der Erde passiert. Gott wurde von Tag zu Tag trauriger, wenn er die Menschen und ihr böses Tun beobachtete. Nur bei einer Familie war das anders: bei Noah, seiner Frau und ihren Kindern. Gott hatte beschlossen: Alles Böse wird vernichtet werden; einen neuen Anfang sollte es geben. Allein Noahs Familie sollte gerettet werden, und auch die Tiere wollte Gott erhalten."
Noah	*(zu seiner Familie gewandt)* „Gott hat mir einen Auftrag gegeben. Wir sollen eine Arche bauen, ein großes Schiff aus Holz mit vielen, vielen Räumen auf drei Etagen."
Noahs Söhne	„Solch ein riesiges Schiff! Wer soll es bewohnen? Für unsere Familie ist es doch viel zu groß!"
Noah	„Gott hat mir erklärt, daß er unsere Familie und von allen Tierarten ein Pärchen retten wird. Eine große Sintflut würde kommen und alles Leben auf der Erde vernichten, doch wir werden die Flut überleben."
Grüner Zweig	„Als Noah und seine Söhne die Arche fertig gebaut hatten

und auch das letzte Astloch mit Pech verschmiert und dicht war, kam die Familie zum Schiff."
(Familie steigt ein)

Sems Frau   *(geht mit Besen hinein)*
Hams Frau   *(geht mit Töpfen, Geschirr und scharfem Messer hinein)*
Jafets Frau   *(geht bekleidet mit Schürze, Samentüten angeheftet, hinein)*
                 (3 Söhne steigen ein)

Lied   „Kommt herein ..." *(Strophen entsprechend den Tieren, die mitmachen)*

Text: Rolf Krenzer
Musik: Peter Janssens

(aus: Noah unterm Regenbogen, 1984, Rechte: Peter Janssens Musik Verlag, Telgte-Westfalen)

Noah   „Herr und Frau Maus werden im Unterdeck wohnen, während der Kater mit seiner Frau auf Deck 2 sein Quartier bezieht. Man muß sich ja nicht unnötig oft begegnen. So wird die Reise doch sicherlich für alle einfacher. Hugo und Hermine Schwein ziehen hinten in den Rumpf ein. Ganz in ihrer Nähe wird dann das Ehepaar Stinktier wohnen. Die beiden Marienkäfer krabbeln in das vorbereitete Loch unter der dicken Bohle. Und für Herrn und Frau Floh haben wir auch eine gemütliche Bleibe hier gefunden."
                 (Noah verschließt die Arche)
Grüner Zweig   „Als alle Tiere an Bord waren und der Schiffsrumpf sicher verschlossen war, begann es zu regnen. Erst wenig, dann wurde der Regen heftiger. Bäche und Flüsse traten über ihre

Ufer, und irgendwann gab es einen Ruck. Die schwere Arche schwamm auf dem Wasser. Das Wasser stieg und stieg, bis auch die letzte Bergspitze überflutet und alles Leben vergangen war. Noahs Familie und all die Tiere schwammen sicher in der Arche und geschützt auf dem Wasser.

Tage, Wochen, ja Monate hatte diese Reise ins Ungewisse nun schon gedauert, und es war kein Land in Sicht.

Ganz einfach wird das Leben für Mensch und Tier gemeinsam auf so kleinem Raum nicht gewesen sein!

Da! Plötzlich gab es wieder einen Ruck! Die Arche hatte aufgesetzt."

ganze Familie „Land! Endlich wieder Land!"

Noah „Wir haben Land unterm Kiel!

Rabe – flieg hinaus und schau nach, wie es draußen aussieht!"

(Rabe geht aus der Arche, umkreist diese, kehrt zurück und schüttelt den Kopf)

Noah „Taube – flieg hinaus und sieh nach, wie es draußen aussieht!"

(Taube macht einen größeren Kreis um die Arche und bringt einen grünen Zweig mit)

(Noah hält das grüne Zweiglein hoch, alle in der Arche freuen sich)

Noah „Leben! Leben auf der Erde! Die Bäume treiben wieder Blätter. Lange wird es nicht mehr dauern, dann können alle die Arche verlassen und an Land ein ganz neues Leben beginnen. Wir wollen die schwere Laderampe einen kleinen Spalt breit öffnen und schauen."

Alle „Die Sonne lacht. Das ist schön!"

(Noah öffnet das Schiff und steigt langsam heraus)

Lied „Kommt herein ..." (s. Religionsunterricht praktisch 4, S. 55)

(Während des Liedes verlassen die „Tiere" die Arche)

(Noah schaut dankbar zum Himmel und faltet die Hände)

Grüner Zweig „Ein herrlicher, bunter Regenbogen überspannte die duftende und dampfende Erde. Das war Gottes Versprechen an Noah und an alle Menschen. Nie wieder sollte eine Sintflut die Schöpfung vernichten. Von nun an sollten Saat und Ernte nicht aufhören bis ans Ende der Welt. Ja, so hatte damals das neue Leben unter dem Regenbogen mit dem kleinen Zweig der Taube begonnen."

Tanz mit Bändern „Ein bunter Regenbogen" (s. Religionsunterricht praktisch 2, S. 170 und Religionsunterricht praktisch 4, S. 55)

(Bänder in den Regenbogenfarben [breites Schleifenband, Kreppapier o.ä.], je Tänzer/in ein Band am linken Handgelenk)

1. Vorspiel:	Aufstellen zum Halbkreis Schwingen im Rhythmus des Liedes
2. Lied	
1. Teil	(in allen Strophen gleich): Arme parallel im Bogen von links unten hoch über den Kopf nach rechts unten führen.
2. Teil. 1. Str.:	Der Halbkreis schließt sich zum Kreis. Dabei werden die Arme in Sonnenform hochgenommen und mit regenimitierenden Fingerbewegungen wieder nach unten geführt, bis zur Hockstellung. Bei der Wiederholung des 2. Strophenteils öffnet sich der Kreis wieder zur Halbkreis-Ausgangsstellung.
2. Teil 2. Str.:	Der Halbkreis schließt sich zum Kreis. Dabei schauen alle nach oben, die Hand über die Augen gelegt. Wiederholung: wieder zum Halbkreis zurück.
2. Teil 3. Str.:	Zur Darstellung des Regenbogens stellen sich die Spieler in der Farbfolge voreinander und halten ihr Band über dem Kopf nach Größe gestaffelt hoch. Bei der Wiederholung bewegen sich die bandhaltenden Arme hin und her, alle gleich.

(Die Tanzbeschreibung verarbeitet Anregungen aus: E. Bihler, Symbole des Lebens – Symbole des Glaubens, Lahn, Limburg 1992, S. 140)

Aktion – Hinführung: L./P. macht auf die fehlende Farbe im Regenbogen aufmerksam – Sch. nennen die Farbe „Grün". – L./P. gibt zu bedenken, daß jeder mitarbeiten muß, damit Gottes Versprechen bez. der Bewahrung der Schöpfung bestehen bleibt/eingelöst werden kann. Alle (oder einige) Sch. erhalten grüne Blätter bzw. „Zweige" und notieren darauf Selbstverpflichtungen (Was ich zum Schutz der Schöpfung tun kann o.ä. – Beispiel vorgeben) und heften diese an der entsprechenden Stelle in den Regenbogen. – Ggf. ausgewählte Beispiele vorlesen lassen und/oder in die Fürbitten einfügen.

Lied „Regenbogen, buntes Licht" (s. S. 93)

Gebet Psalm 8 oder Fürbitte (s.o.)

Psalm 8

Herr, unser Herrscher, wie herrlich ist dein Name
auf der ganzen Erde!
Wir betrachten deine Werke am Himmel
und auf der Erde
und sind glücklich, weil du an uns denkst.
Du hast uns die Tiere auf der Erde gegeben,
die Vögel unter dem Himmel,
Fische und Wassertiere im Meer,

damit wir mit ihnen die Erde teilen;
damit wir mit ihnen leben können;
damit wir mit deiner Hilfe
diese Erde erhalten.
Wie herrlich, daß wir dich kennen,
wie gut, daß du da bist.

(nach Psalm 8)

Vaterunser

Lied „Der Himmel geht über allen auf ...“ (s. Religionsunterricht praktisch 3, S. 55)

Segen

Erinnerungsgeschenk Bastel- und Ausmalbogen „Regenbogen mit Taube“ (s. Anlage)

Text: Reinhard Bäcker
Musik: Detlev Jöcker

3. Gelb die Ähren auf dem Felde.
   Reichtum und Fülle träume ich
   und ich ahne das Geheimnis:
   Gottes Hände segnen mich.

4. Grün die Pflanzen – grün die Bäume.
   Wachsen und Werden spüre ich
   und ich ahne das Geheimnis:
   Gottes Kräfte stärken mich.

5. Blau das Wasser – blau der Himmel.
   Tiefe und Weite suche ich,
   und ich ahne das Geheimnis:
   Gottes Treue leitet mich.

6. Indigo – ein dunkler Schatten.
   Fremde Gewalten fürchte ich,
   und ich ahne das Geheimnis:
   Gottes Schatten schützen mich.

7. Violett – die große Ruhe.
   Still sein und schweigen möchte ich,
   und ich ahne das Geheimnis:
   Guter Gott, du findest mich.

(aus: Rolf Bäcker/Detlev Jöcker, Da hat die Erde den Himmel berührt, Rechte: Menschenkinder Verlag, 48157 Münster)

Ausschneide- und Modellbogen

Material: Weißes Kartonpapier (ca. 110g): Regenbogen, Taube, Faden/Zwirn zum Befestigen der Taube am Regenbogen und zur Aufhängung des fertigen Modells
Klebstoff
Zirkel

Anleitung: Bogen drucken/vervielfältigen oder manuell anfertigen (lassen):
– Regenbogen aufmalen (Zirkel), ausschneiden, Löcher einstanzen
– Taube aufmalen, ausschneiden, Ölbaumblatt in den Schnabel kleben
– Regenbogen (Farbfolge: s.u.) und Ölbaumblatt anmalen
– Fäden anbringen

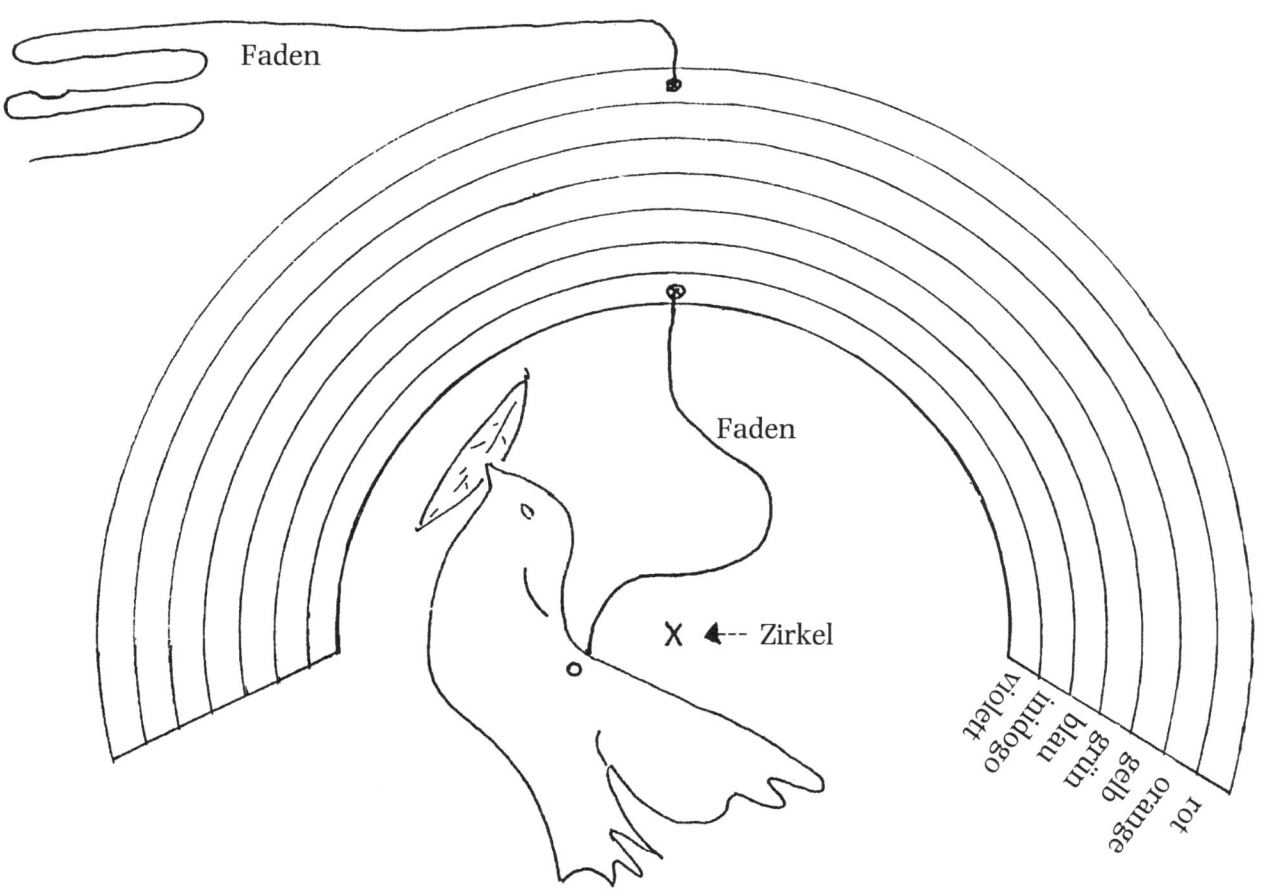

10 Am Brunnen des Lebens

> Kurzinhalt:
> — Einstimmung: Brunnen in eigenen Erlebnissen und in einer bolivianischen Erzählung
> — Lied „Wasser ist Leben"
> — Brunnen in der Bibel
> — Erzählpantomime zu Joh 4
> — Kurzansprache
> — Lied „Ins Wasser fällt ein Stein"
> — Aktion mit „Wassertropfen"
> — Fürbitten – Vaterunser
> — Schlußlied „Bewahre uns Gott"

Thematisches Stichwort

In unseren Breiten haben Brunnen in der Regel nur noch nostalgische oder dekorative Bedeutung; in vielen Ländern der dritten Welt sind sie jedoch bis heute unverzichtbar und lebenswichtig.

Brunnen spenden aus der Tiefe frisches Wasser, das den Durst löscht und (Über-)Leben ermöglicht. Brunnen sind Orte des Austausches und der Kommunikation.

So kann „Brunnen" zum Symbol für die Quellen werden, aus denen sich unser Leben speist, zum Symbol für heilende Bilder und Geschichten, für die guten Gaben des Lebens, die Gott uns schenkt.

Brunnen (einschließlich des Taufbeckens) verweisen
— auf eine Mitte
— auf das, was Leben stiftet und erhält
— auf das, was Gemeinschaft begründet
— auf das, was nicht versiegt, auch wenn sich unsere eigenen Ressourcen verzehrt haben und unsere Hoffnungen schal geworden sind
— auf Quelle und Ursprung allen Lebens.

Biblischer Bezug

Brunnen sind in der Bibel, besonders im Alten Testament,
— Zentren des täglichen Lebens und Überlebens: Gen 24,20; 26,19; 29,2f; 2.Sam 23,15f u.ö.
— Orte der Begegnung zwischen Einheimischen, zwischen Einheimischen und Fremden, zwischen Männern und Frauen: Gen 24; 29 ; Ex 2; Joh 4
— Orte des Konflikts: Gen 26,15.20f u.ö.
— Metaphern: ... für Tod und Vernichtung (Ps 69,16; Offb 9,1); ... für Gottes Güte (Ps 74,15; Jes 41,18), ... für Weisheit (Spr 16,22); ... für Gott bzw. für die lebensspendende Gabe Gottes (Jer 2,13; Offb 21,6 vgl. Joh 4), ... für Gebärmutter (Lev 20,18; Jes 51,1).

Joh 4 (Jesus und die Frau aus Samaria am Jakobsbrunnen), die hier in den Mittelpunkt gesetzte Brunnen-Geschichte, interpretiert „Brunnen" als Bild für die Tiefe und Fülle und Unerschöpflichkeit der Güte Gottes, die ein Leben „aus der Tiefe" ermöglicht und den „Durst nach Leben" (= Liebe, Sinnhaftigkeit) stillt.

Zentrale Idee

Die Begegnung mit dem Symbol „Brunnen" (bes. Joh 4) verknüpft das angesprochene Symbol mit dem eigenen Leben:
– Wonach ich Durst habe
– „Brunnen", aus denen ich schöpfe ...
– Ich hole Lebens-Wasser auch für ...
– Wo/Wie ich für andere zum Brunnen werden kann.

Die Antworten der Sch. (im Unterricht vorbereiten?) werden im Rahmen eines Brunnenumgangs in Form von beschrifteten „Wassertropfen" an den Brunnen geklebt.

Bezug zum Unterricht

Zur inhaltlichen Vorbereitung gehören:
– *„Brunnen in der Bibel"* (s.u.), ggf. in Verbindung mit Aspekten aus folgenden Einheiten:
  – „Verlorenes wird von Gott gesehen: Der gute Hirte": s. Religionsunterricht praktisch 1, S. 46ff
  – „Abraham: Ich werde mit dir sein": ebd. S. 91ff
  – „Kinder in anderen Ländern: Kommt, ich zeig' euch, wie wir leben": ebd. S. 150ff
  – „Damals in Kapernaum", s. Religionsunterricht praktisch 2, S. 30ff
  – „Josef: Israel erzählt von Josefs Weg": ebd. S. 81ff
  – „Psalm 23": ebd. S. 102ff
  – „Mose: Gott führt und befreit": s. Religionsunterricht praktisch 3, S. 69ff
  – „Bibel: Die gute Nachricht weitersagen": ebd. S. 188ff
– Erzählpantomime zu Joh 4 (s.u.)
– Ggf. klassen- und schuljahrsweise Vorbereitung der „Wassertropfen": s.o. und s.u.

Technische Vorarbeiten

Der *Brunnen* als zentrales Symbol kann aus Verbundsteinen, Schuhkartons o.ä. Material im Altarraum gut sichtbar (ggf. etwas erhöht) gebaut werden (ca. 50 cm hoch, Durchmesser ca. 100 cm).

Ein Brunnenaufbau aus Holz ist nicht zwingend, kann aber vielleicht durch geschickte Väter, Kollegen etc. gebaut werden.

Wer für die Vorbereitung wenig Zeit zur Verfügung hat, kann den Brunnen auch auf einen großen Karton aufmalen oder aufkleben.

„Wassertropfen" (ca. 10 cm x 7 cm) in vier verschiedenen Farben analog zu den vier verschiedenen Impulsen („Wonach ich Durst habe ...") ausschneiden.

Verlauf   *Vorspiel*

Begrüßung und Annäherung an das Thema L./P. verweist auf den im Altarraum aufgebauten Brunnen/auf das Bild des Gottesdienstprogrammes
und läßt Sch. zum Thema „Brunnen" erzählen, z.B.
    – eigene Erlebnisse mit Brunnen (Burg/Schloß/Urlaub ...)
    – „Brunnen" im Märchen („Frau Holle" – „Froschkönig" u.ö.)

Ggf. Abschluß mit folgender

Erzählung aus Bolivien

Unsere Geschichte führt uns in ein Land, ein großes Land. In seiner Mitte
ragt ein Berg auf, hoch und gewaltig. Sein Gipfel ist meist von Wolken
umhüllt. Er reicht in den Himmel hinein. Uralt ist der Berg. Wind und
Wetter können ihm nichts anhaben.

Die Menschen sagen: Schon immer steht er da. Bevor wir kamen, war er
schon. König der Berge nennen sie ihn. Menschen, die auf ihn steigen,
können den Himmel schauen. Innen, in seiner Tiefe, birgt er ein Geheimnis.

Vom Berg sieht man ins Land. Weit breitet es sich aus, nach Norden und
Süden, nach Osten und Westen. Land der Brunnen wird es genannt; denn
viele Brunnen sind in ihm gegraben, größere und kleinere, kostbar verzier-
te und ganz einfache, aus Felsgestein erbaute, aus Ziegelsteinen gemauerte.

Doch seltsam! Das Land ist trocken, wüst und öde trotz der vielen Brunnen.

Was ist nur mit den Brunnen los? Warum geben sie kein Wasser? Sie sind
verschüttet, verstopft. Sie sind gefüllt bis an den Rand mit Abfall, Sand, mit
Staub und Geröll, mit Steinen, großen und kleinen.

Einer der Brunnen, der älteste von allen – so wird erzählt – beginnt eines
Tages nachzudenken. Wozu bin ich da, wenn ich kein Wasser spende? Ich
will herausfinden, ob in mir noch eine Quelle fließt. Ich will auf meinen
Grund kommen!

Er beginnt zu graben, tief und tiefer. Es kostet viele Mühen, auszuräu-
men, den Abfall, Schutt, den Sand, die Steine aus sich herauszuwerfen.
Manche sind groß, kantig und schwer. Es ist eine harte Arbeit, den Brunnen
zu reinigen.

Doch dann ist es geschafft! Der Brunnen ist gereinigt. Ganz in der Tiefe
wird eine Quelle gefunden, klares, frisches Wasser. Horch, wie es quillt und
sprudelt, wie es singt! Schau, wie es steigt, höher, immer höher. Der ganze
Brunnen füllt sich, bis an den Rand. Bald wird er überfließen, sich auf das
trockene Land ergießen.

Der Brunnen ist ein richtiger Springbrunnen geworden. Wasser sprudelt
aus ihm hervor, frisches, klares Wasser; Wasser, das den Durst löscht;
Wasser, das erfrischt, ganz lebendig macht.

Das Wasser des Brunnens tränkt das trockene, dürstende Land. Das
Land ergrünt. Es erblüht.

Die anderen Brunnen im Lande wundern sich. „Seht nur", sagen sie,
„der alte Brunnen gibt Wasser. Wie ist das möglich?"

Sie hatten gelacht, als der alte Brunnen sich mühte, den Schutt herauszuholen. „Er scheint verrückt zu sein", hatten sie gesagt. Doch dann beginnen viele von ihnen selbst auszugraben, was sie verstopft hält. Sie gehen in die Tiefe. Sie suchen und finden ihre Quellen. Wasser fängt an in ihnen zu quellen, zu fließen, sie zu füllen. Jetzt strömen sie über und das Land kann ergrünen. Alles wird neu!

Die Brunnen finden Wasser. Sie finden heraus, das Wasser, das uns füllt, wird aus einem Strom gespeist. Er fließt in der Tiefe. Wir sind alle mit ihm und miteinander verbunden.

Wo aber ist der Anfang dieses Stromes? Wo ist sein Ursprung?

In der Mitte des Landes ragt der hohe Berg in den Himmel. König der Berge wird er genannt. Er birgt ein Geheimnis.

Ggf. hier abbrechen und Sch. fortsetzen lassen. – Schluß erst – in Wiederaufnahme der Erzählung im Rahmen der Kurzansprache – vorlesen/erzählen und erneut problematisieren.

Schluß: In ihm sprudelt eine Quelle ganz rein und klar. Aus ihm fließt das Wasser, das alle Brunnen speisen kann. Wer es einläßt, aufnimmt, wer sich füllen läßt, wird ein lebendiger Brunnen. Er spendet Wasser und rings um ihn lebt alles auf, beginnt es zu grünen und zu blühen.

(aus: Religionspädagogische Praxis 1992/1. Geschichten, die vom Leben erzählen, Verlag religionspädagogische Arbeitshilfen, Landshut 1992, S. 31ff)

Lied „Wasser ist Leben", Str. 1 + 2 (Schwerter Liederbuch, Nr. 100)

Brunnen in der Bibel Überleitung: (L./P.) „In biblischer Zeit und in den heißen biblischen Ländern war Wasser ein kostbares Gut. An Brunnen, oft am Rande des Dorfes oder außerhalb gelegen, kamen Menschen in der Kühle des Abends zusammen und schöpften das lebenstiftende Wasser:
– Wasser zum Kochen und Backen
– Wasser zur Körperpflege und zum Waschen
– Wasser für Menschen, Vieh und Pflanzen
– Wasser, das den Durst stillt, das erfrischt und stärkt.
Der Brunnen war aber auch der Ort, wo sich Menschen begegneten, miteinander redeten, Neuigkeiten austauschten.
Am Brunnen nahmen sich Menschen Zeit füreinander, ruhten aus und tankten auf.

Viele biblische Geschichten spielen an und um Brunnen *(entweder erzählen oder durch Sch. im Sprechspiel benennen lassen – Kinder treten mit Brunnenbildern und Schriftplakaten auf):*

Kind 1:   „Ich bin ein Brunnen in der Wüste. Ich habe Hagar das Leben gerettet, als sie vor ihrer Herrin Sara fliehen mußte. Aus Dankbarkeit hat mir Hagar den Namen gegeben: 'Brunnen des Lebendigen, der mich sieht'" (vgl. Gen 16).

Kind 2: „Ich bin ein Brunnen im Zweistromland, vor der Stadt Nahors gelegen. Bei mir hat Abrahams Knecht Rebekka gefunden. Immer wieder ist Rebekka in mich hinabgestiegen, um Abrahams Knecht und dessen Kamele mit Wasser zu erfrischen. Rebekka wurde später Isaaks Frau" (s. Gen 24).

Kind 3: „Ich bin ein Brunnen im Lande Midian. In meinem Brunnenschacht hat sich Mose auf seiner Flucht aus Ägypten ausgeruht und seine spätere Frau Zippora kennengelernt" (s. Ex 2,16ff).

Kind 4: „Ich bin einer der vielen Brunnen, die auf dem Wanderweg Israels durch die Wüste liegen. Ohne das Quellwasser auf meinem Grund wären die Israeliten nie ins gelobte Land gekommen" (s. Lev 21,16).

Lied „Wasser ist Leben", Str. 3 + 4

Erzählpantomime zu Joh 4

Einführung L./P.: „Die Kinder des ... Schuljahres haben ein Spiel zu einer Jesusgeschichte vorbereitet, in der es auch um einen Brunnen geht.
Der Brunnen liegt draußen vor der Stadt Sychar in Samaria. Um Samaria machen die Juden einen großen Bogen. Die Juden mögen die Leute in Samaria nicht. Seit Jahrhunderten ist Streit zwischen Juden und Samaritern – Streit um den Glauben, Streit um den 'richtigen' Gottesdienst."

Glockenspiel

Erzähler	Es ist Mittagszeit, schattenlose, heiße Mittagszeit. – Ein Fremder nähert sich dem Brunnen.
Jesus	*(kommt mit schleppendem Schritt und nach vorn hängenden Schultern/Kopf näher ...)*
Erzähler	Der Fremde heißt Jesus. Er setzt sich am Brunnen nieder. Ganz müde ist er von der langen Wanderung. Ganz trocken sind seine Lippen. Gerne würde er von dem frischen, kühlen Quellwasser tief unten im Brunnen trinken.
Jesus	*(schaut sehnsüchtig zum Brunnen hin)*
Erzähler	Doch er hat kein Gefäß, um das Wasser zu schöpfen. Niemand ist da, der ihm helfen kann *(schaut sich suchend um)*.

Glockenspiel

Erzähler	Da kommt eine Frau mit einem Wasserkrug. Jesus beobachtet sie ...
Frau	*(nähert sich dem Brunnen, stellt Krug auf den Brunnenrand, bindet Krug am Brunnenseil fest, läßt ihn in die Tiefe gleiten, zieht nach einer Weile den gefüllten, schweren Krug wieder hoch. Sie stellt den Krug am Brunnen ab)*

Jesus	*(streckt seine Hand aus)* „Laß mich bitte von deinem Wasser trinken. Ich habe großen Durst!"
Frau	*(erschrocken, abwehrend)* „Aber du weißt doch, Fremder: Ihr Juden und wir Leute aus Samaria sind Feinde! Wie kannst du mich um Wasser bitten? Dazu noch mich, eine Frau? Eine Frau aus Samaria? *(deutet fragend auf sich)* Das ist unmöglich! Unmöglich! *(schüttelt den Kopf – dann fragend, nachdenklich)* Sag, Fremder, wer bist du?"
Jesus	„Wenn du wüßtest, würdest du mich bitten, und ich würde dir 'lebendiges Wasser' geben, Wasser, das deinen Durst für immer stillt."
Frau	*(kratzt sich am Kopf)* „Was meint er nur mit dem 'lebendigen Wasser', das allen Durst für immer löscht?"

Glockenspiel

Erzähler	Die Frau braucht lange, bis sie begreift: „Lebendiges Wasser", damit meint der Mann nicht das Wasser im Brunnen. Nein, „lebendiges Wasser" ist ein Bibelwort, – ein Bild für die frohe Botschaft Gottes, – ein Bild für das neue Leben aus Gott. Dann sagt sie zu dem Fremden:
Frau	„Einmal wird der Retter kommen, auf den alle sehnsüchtig warten. Er wird sein wie ein Brunnen und wie 'lebendiges Wasser'. – Aber *(mit fragender Geste)* – *wann* wird er endlich kommen?"
Erzähler	Da gibt sich Jesus zu erkennen:
Jesus	„Er ist schon da – ich bin es! Das neue Leben hat schon begonnen – auch in dir! Ich bin Christus. Ich bringe neues Leben. Ich bin wie ein Brunnen und wie eine Quelle. Aus ihr, aus mir kannst du Gottes unendliche Liebe schöpfen."

Lied „Wasser ist Leben", Str. 5

Kurzansprache (Aspekte):
- Wonach Menschen „Durst" haben/sich sehnen:
  - Liebe
  - Geborgenheit
  - Frieden
  - Vertrauen
  - Freunde ...
- Jesus als Brunnen/Quelle, aus dem/der man schöpfen kann – Aus der Tiefe seiner Liebe/aus der tiefen Liebe Gottes schöpfen
- Glauben ist wie Trinken aus einem tiefen Brunnen
- Teilen und weitergeben, was man selbst empfangen hat
- Wiederaufnahme der Erzählung „Das Land der Brunnen"

Lied „Ins Wasser fällt ein Stein", Str. 1 (Schwerter Liederbuch, Nr. 150)

Aktion Sch. beschriften klassen- bzw. jahrgangsweise die Wassertropfen und kleben sie an die Brunnenwand:

– Wonach ich Durst habe
– „Brunnen", aus denen ich schöpfe ...
– Ich hole Lebens-Wasser auch für ...
– Wo/wie ich für andere zum Brunnen werden kann

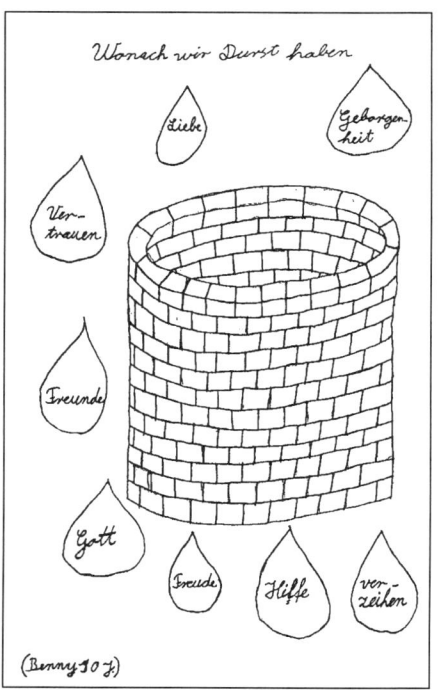

oder (falls im Unterricht vorbereitet) kleben die vorbereiteten Tropfen an den Brunnen.

Lied „Ins Wasser fällt ein Stein ...", Str. 3

Fürbitten (unter Verwendung der „Wassertropfen")

Vaterunser

Schluß- und Segenslied „Bewahre uns Gott" (Schwerter Liederbuch, Nr. 85)

Erinnerungsgeschenk z.B. Erzählung „Das Land der Brunnen" (verkleinert, zusammengerollt und mit blauem Wollfaden zusammengebunden oder Brunnen aus Fotokarton o.ä.)

Weitere Lieder zum Thema:

„Ich singe dir mit Herz und Mund", bes. Str. 2 (EG 324/EKG 230)
„Ihr werdet Wasser schöpfen mit Freuden ...", in: V. Fröber/A. Holzbach, Thematische Jugendvespern. Werkbuch mit Modellen, Lahn, Limburg 1991, S. 124
„Du bist die Quelle des Lebens", ebd. S. 121
„Schöpfen wir aus deiner Liebe", in: Wasser – Quelle des Lebens. Liturgischer Tag, 24. Deutscher Evangelischer Kirchentag (1991), Nr. 2
„Quelle, Wasser, Ursprung, Leben", ebd. Nr. 5
„Kleiner Tropfen ohne dich ...", ebd. Nr. 10

11 Eine Brücke laßt uns bauen
(Turmbau zu Babel – Versöhnung – M. Luther – Reformation – Kirche)

Sabrina Hinke 11

Kurzinhalt:
- Vorspiel
- Begrüßung
- Lied (s.u.)
- Impuls mit Stein: Wo Steine Verwendung finden
- Erzählung „Turmbau zu Babel", begleitet durch:
  - Symbolhandlung Turmbau
  - Lied
  - Orff
- Ansprache/Deutung: Gottes Liebe verwandelt die Steine unseres Miß-
  trauens etc. in Versöhnungssteine, begleitet durch
  - Symbolhandlung Brückenbau
  - Lied
- Lied „Ich gebe dir die Hände"
- Psalm 127
- Fürbitten – Vaterunser
- Segen(slied)

Thematisches Stichwort

Reformation hat als Gegenstand eines Schulgottesdienstes ihr Proprium nicht in der Vergangenheit und nicht in konfessioneller Nabelschau. Ohne die historischen Zusammenhänge zu verschweigen, wird sie (auf dem Hintergrund unterrichtlicher Vorarbeit) bemüht sein, evangelischen und katholischen Christen „gmein" die Bedeutung der erneuernden Kraft des Evangeliums vor Augen zu führen:
- Gott bejaht Menschen in all ihrer Unfertigkeit und Unvollkommenheit.
- Menschen sind für ihn mehr wert, als sie leisten.
- Was zerbrochen ist, kann heil, erschöpftes Leben erneuert werden.
- Erfahrene Liebe und Vergebung befähigt zur Liebe und zum Vergeben (vgl. Röm 15,7: „Nehmt einander an, wie Christus euch angenommen hat zu Gottes Lob").

So gesehen aktualisiert Reformation stets aufs Neue, was unverzichtbare Grundlage christlichen Glaubens ist und was Menschen sich nicht selber sagen können.
    (Vgl. Schulgottesdienste mit Religionsunterricht praktisch, Bd. 1, S. 100)

Biblischer Bezug

Röm 3, 21-24

Zentrale Idee

Gott eröffnet Menschen immer wieder neu die Chance zu einem entlasteten Gottes- und Nächstenverhältnis.
    Die Steine der Selbstsucht und des Hochmuts aus der Turmbaugeschichte werden im Horizont von Luthers reformatorischer Entdeckung zu Bausteinen einer Versöhnungs-Brücke.

Bezug zum Unterricht

Bezug und Anknüpfungspunkte können generell sein:
- „Evangelisch-Katholische-Ökumene" (s. Religionsunterricht praktisch 3, S. 35ff)
- „Bibel: Die gute Nachricht weitersagen" (aaO. S. 188)
- „Der verlorene Sohn: Fortgehen und heimkehren" (s. Religionsunterricht praktisch 2, S. 19ff) – Vgl. Schulgottesdienste mit Religionsunterricht praktisch, Bd. 1, S. 100f.)

Neben den üblichen Elementen (Liedern, Gebeten etc.) sind im einzelnen vorzubereiten:

1. Mose 11 sollte zumindest in der Klasse thematisiert werden, die diesen Teil im Gottesdienst hauptsächlich verantwortet, ggf. auch den Erzähltext formuliert.
Zur eigenen Vorbereitung z.B. religion heute 1/1988, S. 49f.

Technische Vorarbeiten

Ca. 20 Kirchentags- oder Umzugskartons, ggf. mit Pack- oder Rotationspapier kaschieren. Die so entstandenen „Bausteine" mit breitschreibenden Filzschreibern beschriften (s.u.).

13 Kartons müssen auf der Rückseite mit folgenden Buchstaben versehen werden, die später (s.u.) zur Versöhnungsbrücke zusammengestellt werden:

Andere „Botschaften" könnten sein: z.B. „Gnade" oder „Gerechtigkeit".

Verlauf

Vorspiel

Begrüßung/Eingangsvotum

Lied, z.B. „Ausgang und Eingang, Anfang und Ende ..." (s. Schwerter Liederbuch, Nr. 6)

Impuls L./P. zeigt einen Stein (Kalksandstein o.ä.) und läßt Sch. dazu erzählen – Wo Steine Verwendung finden:
- Haus
- Straße
- Mauer
- Fabrik ...

Überleitung L.P.: „Steine spielen auch in der folgenden Geschichte eine Rolle
– Steine im wörtlichen Sinn und Steine im übertragenen Sinn."

Erzählung (1)

„Es war zu der Zeit, als alle Menschen noch dieselbe Sprache hatten. Die
Menschen waren gut zueinander. Sie verstanden sich.

Eines Tages kam ihnen eine Idee: 'Wir wollen einen hohen Turm bauen.
Bis zu den Wolken soll er führen, ja, bis in den Himmel soll seine Spitze
reichen!'

Die einen wollten den Himmelsturm bauen, weil sie berühmt werden
wollten. 'Dann sind wir die Größten! Alle werden uns und unseren Turm
bewundern. Für alle Zeiten werden wir uns einen Namen machen!'

Andere sagten: 'Mit dem Himmelsturm können wir zum Himmel hin-
aufsteigen – hinauf zu Gott. (Denn die Menschen dachten: Gott wohnt im
Himmel.) Dann brauchen wir nicht mehr zu warten, bis er zu uns kommt!'

Wieder andere meinten: 'Wenn wir erst diesen Riesenturm gebaut haben, dann sind wir wie Gott – groß und mächtig!'

Und sie begannen mit der Arbeit."

(Kinder türmen die „Steine" aufeinander.)

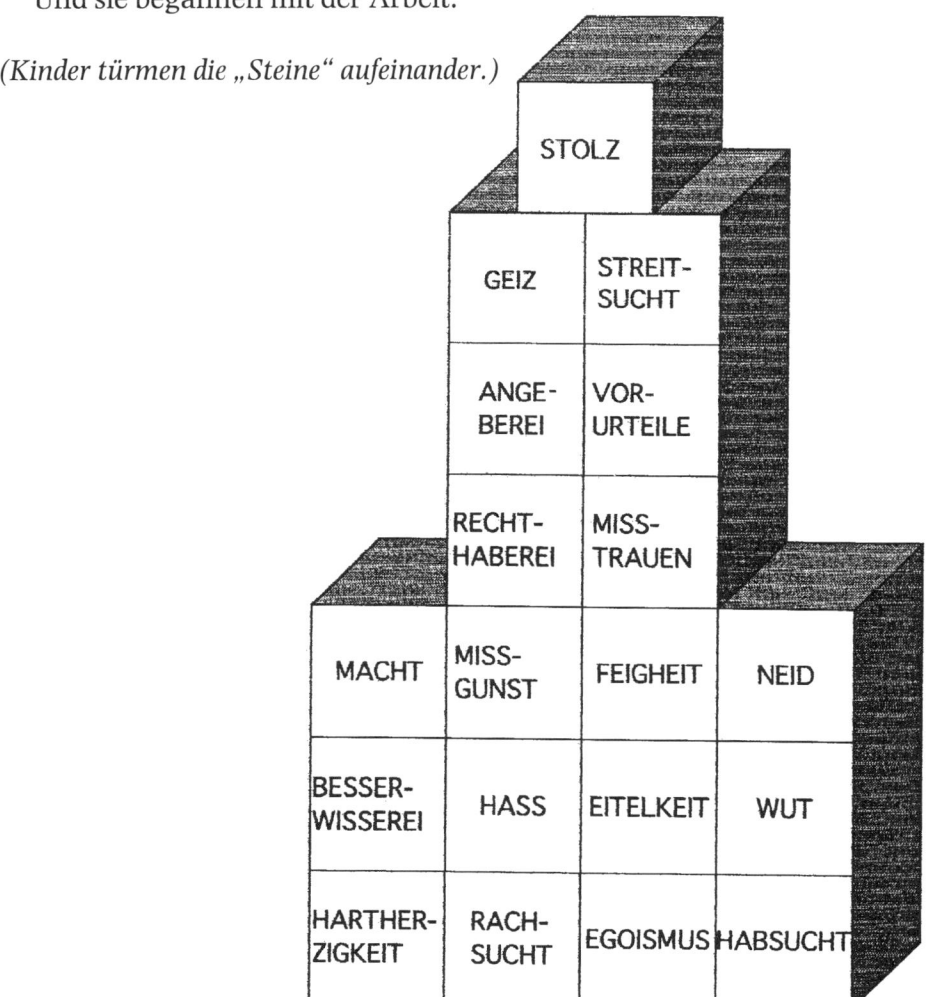

(Während des Bauens singt eine Gruppe oder die ganze Schulgemeinde – ggf. durch Orff-Instrumente begleitet):

Lied

Text u. Melodie:
Kurt Rommel

1–3   Die Männer und die Frauen,
      sie bauen, sie bauen, sie bauen, sie bauen

1.   den Turm in ihrer Stadt,
      wie's nirgends einen hat.

2.   und setzen Stein auf Stein.
      Sie wollen einig sein.

3.   und schaffen sich ihr Brot.
      Sie brauchen keinen Gott.

(Rechte: Hänssler-Verlag, Neuhausen-Stuttgart)

Erzählung (2)

„Doch Gott war traurig und wütend über den Hochmut der Menschen. 'Nie können die Menschen genug kriegen! Immer mehr wollen sie haben! Immer höher wollen sie hinaus! Sie wollen sich selbst einen Namen machen und meinen Namen vergessen!'

(Orff: drohend, z.B. verschiedene Trommeln und mittelweiche Schlegel)

Und Gott ließ geschehen, daß die Menschen einander nicht mehr verstanden:
      die Maurer die Steinträger nicht,
      die Eselstreiber die Ziegelbrenner nicht,
      die Vorarbeiter den Baumeister nicht.

Keiner konnte den andern mehr verstehen. Keiner sprach mehr mit dem andern. In dem großen Durcheinander stockte die Arbeit."

Lied
4–6 zu Ende ist das Bauen
       der Männer und der Frauen, der Männer und der Frauen;

4. denn Gott, der Herr, hat Macht
     und ob dem Türmchen lacht.

5. der Turm nicht mehr gelingt,
     in sich zusammensinkt.

6. sie laufen alle fort,
     weil keins versteht ein Wort.

(Während der 5. Strophe wird der Turm – möglichst von der Rückseite – zum Einsturz gebracht)

Deutung (Aspekte) Die Leute von Babylon hatten einen Himmelsturm bauen wollen, sich einen Namen machen wollen, wie Gott sein wollen. – Sie wollten zu hoch hinaus.
Der Turm der Lügen und der Habsucht (Beispiele für die negativen Eigenschaften und Egoismen der Menschen auf den Bausteinen exemplarisch nennen) stürzte in sich zusammen.
Auch zu Luthers Zeiten bauten die Menschen Türme zu Gott. Aus eigener Kraft wollten sie zu Gott gelangen – durch
– Fasten
– Kloster
– Wallfahrten .../vgl. Entwurf 7, Bd. 1
Luthers Entdeckung: Nicht Steine und „Türme", nicht menschliche Leistung führt zu Gott. Vielmehr kommt Gott zu den Menschen, *schenkt* ihnen seine Liebe und Gerechtigkeit (vgl. Entwurf 1).
Gottes Liebe verwandelt die Steine des Mißtrauens ... in Brückenbausteine, in Steine, die Menschen nicht trennen und entzweien, sondern verbinden, in Steine mit einer neuen Botschaft.

Lied
7–9 Die Männer und die Frauen,
       sie bauen, sie bauen, sie bauen, sie bauen

7. von Gottes Geist beseelt,
     die neue Gotteswelt.

8. die Kirche Jesu Christ,
     in der Gemeinschaft ist.

9. mit Liebe Stein um Stein
     und wollen Brüder sein.

(Während des Liedes drehen Sch. die vorbereiteten Würfel um – Buchstaben nach vorn –, so daß sich für die Gemeinde das folgende Bild ergibt):

Ggf. kurzes Gespräch über die Bedeutung der Brücke als neuem Symbol und die Botschaft („Versöhnung").

Lied

Text: Rolf Krenzer
Musik: Ludger Edelkötter

2. Wir bauen eine Brücke vom Mensch zum Menschen dann
   mit Liebe und mit Zuversicht. Vertraue dich mir an!
   Wir halten uns die Hände und wolln die Brücke baun,
   daß du und ich, daß ich und du einander stets vertraun.

3. So stark wird diese Brücke von Mensch zum Menschen sein.
   Und wenn wir fest zusammenstehn, dann stürzt sie niemals ein.
   Wir halten uns die Hände und wolln die Brücke baun,
   daß du und ich, daß ich und du einander stets vertraun.

(aus: Weil du mich so magst / Wir sind Kinder dieser Erde [IMP 1036/1045],
Rechte: Impulse-Musikverlag, 48317 Drensteinfurt)

Psalm 127

Wenn Gottes guter Geist nicht da ist,
wo wir bauen,
dann setzen wir auf uns.
Wenn er die Stadt nicht schützt,
dann gehen wir verloren.

Es ist umsonst,
nur an sich selbst zu denken,
in eignen Eitelkeiten aufzugehn.
Es ist umsonst,
vom Morgen bis zum Abend
nur seinen Sorgen nachzulaufen,
wo andere im Schatten stehn.

Wenn Gottes guter Geist begleitet,
was wir bauen;
wenn er die Stadt beschützt,
dann wird es Leben für uns alle geben
und Frieden
der den Schwachen nützt.

(nach Psalm 127, aus: F.K. Barth, Gottes-
dienst für Festtage. Materialheft 20,
Burckhardthaus-Laetare/Christophorus,
Offenbach/Freiburg 1978³, S. 86)

Fürbitten

Vaterunser

Segen(slied)

Zum Thema vergleiche auch:
– Babel rückgängig machen (Pfingsten), in: Gottesdienst für Festtage,
  Burckhardthaus/Christophorus, Gelnhausen/Freiburg 1978³, S. 85ff
– Vom Turmbau zu Babel. Ein Singspiel für Schüler- und Kindergottes-
  dienstgruppen, in: religion heute 1/1988, S. 43ff

12 Unter Gottes weitem Schirm (Schulentlassung)

Kurzinhalt:
- Begrüßung
- Lied „Meinem Gott gehört die Welt"
- Sprechszene: Was alles „Schirm" sein kann
- Liedstrophe „Wo ich bin …"
- Psalmgebet (Ps 91)
- Zwischenspiel
- Variationen zu Ps 91
- Aktion: Unter Gottes weitem Schirm
- Lied „Herr, dein guter Segen"
- Deutung
- Kanon „Der Himmel geht über allen auf"
- Fürbitten – Vaterunser
- Segen
- Abschiedslied „Zeige uns den Weg …"

Thematisches Stichwort

„Schirm" bzw. „(be)schirmen" als Metapher für Gottes Schutz und Fürsorge ist ausschließlich im AT und hier vor allem in den Psalmen belegt:
„Beschirme mich unter dem Schatten deiner Flügel" (17,8, vgl. auch 27,5 und 91,4)

„Du bist mein Schirm, du wirst mich vor Angst behüten" (32,7)

„Wer unter dem Schirm des Höchsten sitzt …, der spricht zu dem Herrn: Meine Zuversicht und meine Burg …" (91,1f)

„Du bist mein Schirm und mein Schild" (119, 114)

„Schirm" und „(be)schirmen" ist über den biblischen Zusammenhang hinaus ein erfahrungsbezogenes, auch Kindern zugängliches Symbol mit vergleichbarem Bedeutungsinhalt: Vom „Schirm" im wörtlichen Sinn (Regen-S., Sonnen-S., Wind-S., Lampen-S., Regen- und Sonnen-S.) läßt sich leicht auf die übertragene Bedeutung schließen: „beschirmen" und „beschirmt werden", „Schirmherrschaft", „abschirmen".

Biblischer Bezug

Als Bezugspunkt der biblischen Vergewisserung bietet sich Psalm 91 i.A. mit seinen starken Vertrauensbildern an, die dem Gedanken des „Schirms" korrespondieren: „Schatten" (V.1), „Zuflucht und Burg" (V.2), „mit Fittichen schirmen" (V.4), „unter seinen Flügeln bergen" (V.4), „Schild und Mauer/Wehr" (V.4), „Zuflucht" (V.9), „Schutzwehr" (V.9), „auf allen Wegen behüten" (V.9), „auf Händen tragen" (V.12).

Tatsächlich umfaßt das im Urtext für „Schirm" gebrauchte Nomen „setar" das Spektrum von „Versteck", „Zuflucht", „Geborgenheit", „Schutz", „Hülle", „Unzugängliches", „Verborgenes" (Theologisches Wörterbuch zum AT, Bd. V, Stuttgart/Berlin/Köln/Mainz 1986, S. 974).

Zentrale Idee

Ein großer „Schirm" aus farbigen Kreppbändern wölbt sich über die Entlaßschüler und versinnbildlicht ihnen Gottes Zusage für den neuen Lebensabschnitt: „Ich bin dir/euch ein weiter Schirm".

Bezug zum Unterricht

Verschiedene Klassen und Jahrgänge können in unterschiedlicher Form zur Vorbereitung und Durchführung des Gottesdienstes beitragen.

Zur thematischen Einstimmung kann es hilfreich sein, sich noch einmal biblischer Personen und Situationen zu erinnern, die „Gottes weiten, bergenden Schirm" in ihrem Leben erfahren haben (z.B. Abraham, Josef, Mose, Jona, Jesus) und wiederholend auf verwandte Erfahrungen in den Psalmen zu verweisen (z.B. Ps 23).

Im einzelnen sind vorzubereiten bzw. zu erarbeiten:
– Lieder(auswahl), Psalm(auswahl), Gebet(e)
– Spielszenen entwickeln und einüben „Was alles Schirm sein kann"
– Abschiedsgeschenk (z.B. für jeden Viertkläßler ein Schirmbild mit einem persönlichen Segenswunsch oder „Reisesegen", von den jeweiligen Religionslehrern auszuteilen)

Technische Vorarbeiten

Benötigt werden:
– 1 großer Regenschirm (Familienschirm)
– 7 Schirmsegmente aus Tonpapier (s.u.)
– Pinnwand und Dekonadeln
– Kreppbänder, verschiedene Farben, ca. 7 cm breit, aus Feinkreppapier schneiden. Jedes Band sollte etwa 7,50 m lang sein. Da die Kreppapierrollen nur 2,50 m lang sind, muß man immer drei Bänder zusammenkleben.

Die fertigen Bänder werden an einer Seite zusammengebunden und z.B. im Altarraum an entsprechend hoher Stelle befestigt (zum Schirm werden sie erst im Verlauf des Gottesdienstes entfaltet).

Verlauf   *Begrüßung*

Lied „Meinem Gott gehört die Welt ...", Str. 1–3 (EG 408)

Überleitung L./P. spannt einen Regenschirm (Familienschirm) auf und läßt
Sch. einige Situationen nennen, in denen sich ein Schirm als hilfreich
erweist. – Ggf. auch Rückverweis auf das Stichwort „(be)schirmen" in
Str. 3 des o.a. Liedes.

Sprechszene

Was alles „Schirm" sein kann

Sechs Kinder treten unter den aufgespannten großen Schirm und sprechen
kurze, vorformulierte Sätze. Darin nennen sie Situationen/Erlebnisse/Ge-
fühle, in denen ihnen ein „Schirm" Schutz und Sicherheit gewährt, z.B.

Kind 1:   Mein Schirm ist ein Regenschirm.
           Wenn es regnet, spanne ich meinen Regenschirm auf. Dann wer-
           de ich nicht naß. Ich bin beschirmt. Ich bin beschützt.
Kind 2:   Mein Schirm ist ein Sonnenschirm.
           Wenn die Sonne stark scheint, spanne ich meinen Sonnenschirm
           auf. Er spendet mir Schatten. Ich bin vor der Sonne geschützt. Sie
           blendet mich nicht mehr. Ich bin beschirmt. Ich bin beschützt.
Kind 3:   Mein Schirm ist meine Familie.
           Ich fühle mich sicher wie unter einem Schirm, wenn meine Mut-
           ter mir am Abend eine Gute-Nacht-Geschichte vorliest. Ich bin
           beschirmt. Ich bin beschützt.
Kind 4:   Mein Schirm sind meine Freunde.
           Ich hole meinen Freund ab, wenn ich zum Spielplatz gehe. Unter-
           wegs erzählen wir uns alles, was passiert ist. Zu zweit fühlen wir
           uns sicher. Ich bin beschirmt. Ich bin beschützt.
Kind 5:   Mein Schirm ist meine Klasse.
           In der Klasse sitze ich mit meinen Klassenkameraden an den
           Tischen; wir lernen gemeinsam, wir lachen, wir singen und spie-
           len. Dort fühle ich mich wohl. Ich bin beschirmt. Ich bin be-
           schützt.
Kind 6:   Mein Schirm ist meine Schule.
           In der Schule kenne ich mich aus. Ich kenne die Lehrer und
           Lehrerinnen, die Sekretärin und den Hausmeister. Ich weiß, daß
           sich alle um mich kümmern. Ich bin beschirmt. Ich bin beschützt.

Nach Beendigung seines Votums heftet jedes Kind sein Schirm-Segment an
die Pinnwand (Diese steht gleichfalls unter dem aufgespannten Schirm
oder in unmittelbarer Nähe). Ein Schirm-Segment (Nr. 7) bleibt zunächst
noch unbeschriftet und wird später ausgefüllt (s.u.).

Liedstrophe (z.B. Wiederholung von Str. 3 „Wo ich bin ...")

Psalmgebet

Kind 1:   Ich wohne unter Gottes Schutz
          und ruhe sicher in seinem Schatten.
          Darum kann ich erleichtert sagen:
Alle: Gott, du bist mir wie ein schützender Schirm
          und wie eine Burg.
Kind 2:   Wenn ich in Gefahr bin,
          ist er bei mir.
          Darum kann ich erleichtert sagen:
Alle: Gott, du bist ...
Kind 3:   Wenn ich traurig bin,
          schenkt er mir neuen Mut.
          Darum kann ich erleichtert sagen:
Alle: Gott, du bist ...
Kind 4:   Gott ist meine Fluchthöhle.
          Bei ihm finde ich sicheren Schutz.
          Darum kann ich erleichtert sagen:
Alle: Gott, du bist ...
Kind 5:   Kein Unheil wird mir begegnen
          und kein Elend mein Haus umstellen.
          Darum kann ich erleichtert sagen:
Alle: Gott, du bist ...
Kind 6:   Mit langem Leben will er mich sättigen
          und mich sein Heil schauen lassen.
          Darum kann ich erleichtert sagen:
Alle: Gott, du bist ...

Musikalisches Zwischenspiel

Variationen zu Ps 91
Kind 1:   Gott, du bist mir wie ein schützender Schirm;
          darum muß ich vor der neuen Schule keine Angst haben.

Kind 2:   Gott, du bist ...
          darum muß ich mich nicht vor den größeren Kindern fürchten.
Kind 3:   Gott, du bist ...
          darum muß ich nicht vor dem Unbekannten auf meinen neuen
          Wegen erschrecken.
Kind 4:   Gott, du bist ...
          darum muß ich mich auch in der dunklen Nacht nicht fürchten.
Kind 5:   Gott, du bist ...
          darum bin ich nicht einsam, und ich werde neue Freunde finden.
Kind 6:   Gott, du bist ...
          deine Liebe wird mich immer begleiten.

Verbindende Worte L./P. klärt mit den Sch. unter Verweis auf das freie siebte
      Segment und den zuvor gesprochenen Psalm, was dort noch ergänzt
      werden muß (etwa „Gott ist mein Schirm"). Schüler fügen das Segment
      in den Schirm ein.

Aktion Unter Gottes weitem Schirm
      Sch. des/der 2. Schuljahre(s) ergreifen die von der Decke hängenden
      Kreppbänder und entfalten sie schirmförmig. Die Sch. der 4. Schuljahre
      treten unter den „Schirm" (ggf. Sch., die die Bänder halten, sich hinset-
      zen lassen – größere Ruhe!).

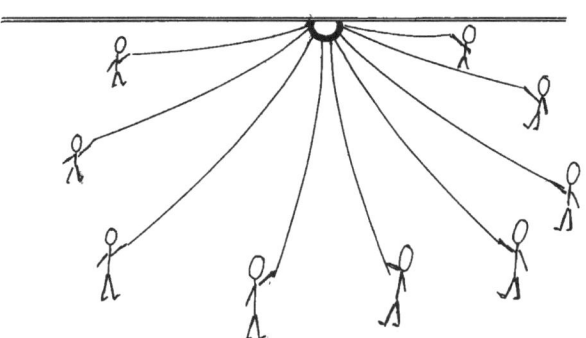

Lied „Herr, dein guter Segen ..." (bei dem das Wort „Hut" durch „Schirm" ersetzt wird)

Text: Jürgen Fliege
Musik: Oskar Gottlieb Blarr

2. Herr, deine guten Hände sind wie ein großer Hut,
    schlagen wird nichts nützen, du willst mich beschützen,
    wir sind in deiner Hut, und das gefällt uns gut.

3. Herr, deine große Liebe ist wie ein großer Hut,
    kann mich keiner necken, kann ich mich verkriechen,
    wir sind in deiner Hut, und das gefällt uns gut.

(aus: Fünf Brote und zwei Fische, 1977, Textrechte: tvd-Verlag, Düsseldorf; Musikrechte: Strube Verlag, München/Berlin)

> *Deutung (Skizze)* Ich sehe Bänder, einen Himmel aus farbigen Bändern. Oben sind sie zusammengeknotet. Im Wechsel von rot und blau und ... schwingen sie nach allen Seiten unserer Kirche aus.
> Durch gemeinsames Tun haben wir aus den bunten Bändern einen großen, farbigen Schirm gebildet.
> Weit ist der Schirm, alle haben wir darunter Platz. Wir dürfen uns behütet und beschirmt wissen. Mir ist dieser Schirm Sinnbild des Schutzes und der Geborgenheit.

Wenn ich uns unter dem Schutz dieses Schirmes sehe, kann ich Gottes Versprechen noch besser verstehen. Gott sagt: „Ich bin dir ein weiter Schirm. Unter ihn kannst du dich bergen. – Ich bin dir ein Schirm aus Liebe."

Unter Gottes weitem Schirm ist Platz für uns alle: für die kleinen und die großen Leute, für die Viertkläßler, die nach den Sommerferien andere Schulen besuchen werden und für die Erstkläßler, für Lehrer und Eltern, für Freunde und Fremde ...

Gottes weiter Schirm ist wie ein Stück Himmel auf Erden ...
(Ggf. kann noch einmal ein Teil von Ps 91 wiederholt werden.)

Kanon „Der Himmel geht über allen auf" (s. Religionsunterricht praktisch 3, S. 55)

Fürbitten (Kinder des 3. Schuljahres)

Kind 1: Lieber Gott, wir bitten dich für die Kinder des 4. Schuljahres:
Kind 2: Begleite sie, wenn sie in eine andere Schule gehen. Laß sie nicht enttäuscht sein, wenn alles anders ist.
Kind 3: Gib ihnen Mut, wenn vieles neu und fremd ist.
Alle: Guter Gott, führe und beschirme sie an jedem Tag.
Kind 4: Laß sie verständnisvolle Lehrer finden, die ihnen zur Seite stehen.
Kind 5: Laß sie neue Freunde gewinnen, wenn sie sich von Mitschülern aus der Grundschule trennen müssen.
Alle: Guter Gott, ...
Kind 6: Schenke ihnen Freude am Lernen – allein oder mit anderen, damit sie gerne in die neue Schule gehen.
Kind 7: Nimm ihnen Angst und Ärger, wenn sie eine schlechte Note bekommen und laß sie wieder Erfolg haben.
Alle: Guter Gott, ...
Kind 8: Behüte sie, daß sie sicher die Schule erreichen und gesund bleiben.
Kind 9: Laß sie Frieden miteinander halten und sehen, wenn einer in Not ist.
Alle: Guter Gott, ...

Vaterunser

Segen ggf. persönliches Segenswort/Segensgestus für jeden Schüler durch den ev. bzw. kath. Pfarrer/die Religionslehrer

Abschiedslied „Zeige uns den Weg ...“ (Schwerter Liederbuch, Nr. 238)

Erinnerungsgeschenk z.B. Graphik S. 113 kopieren, ausschneiden, mit Segenswunsch versehen (lassen), anmalen (lassen), unterschreiben.

13 | Sei mit uns auf unseren Wegen (Schulentlassung)

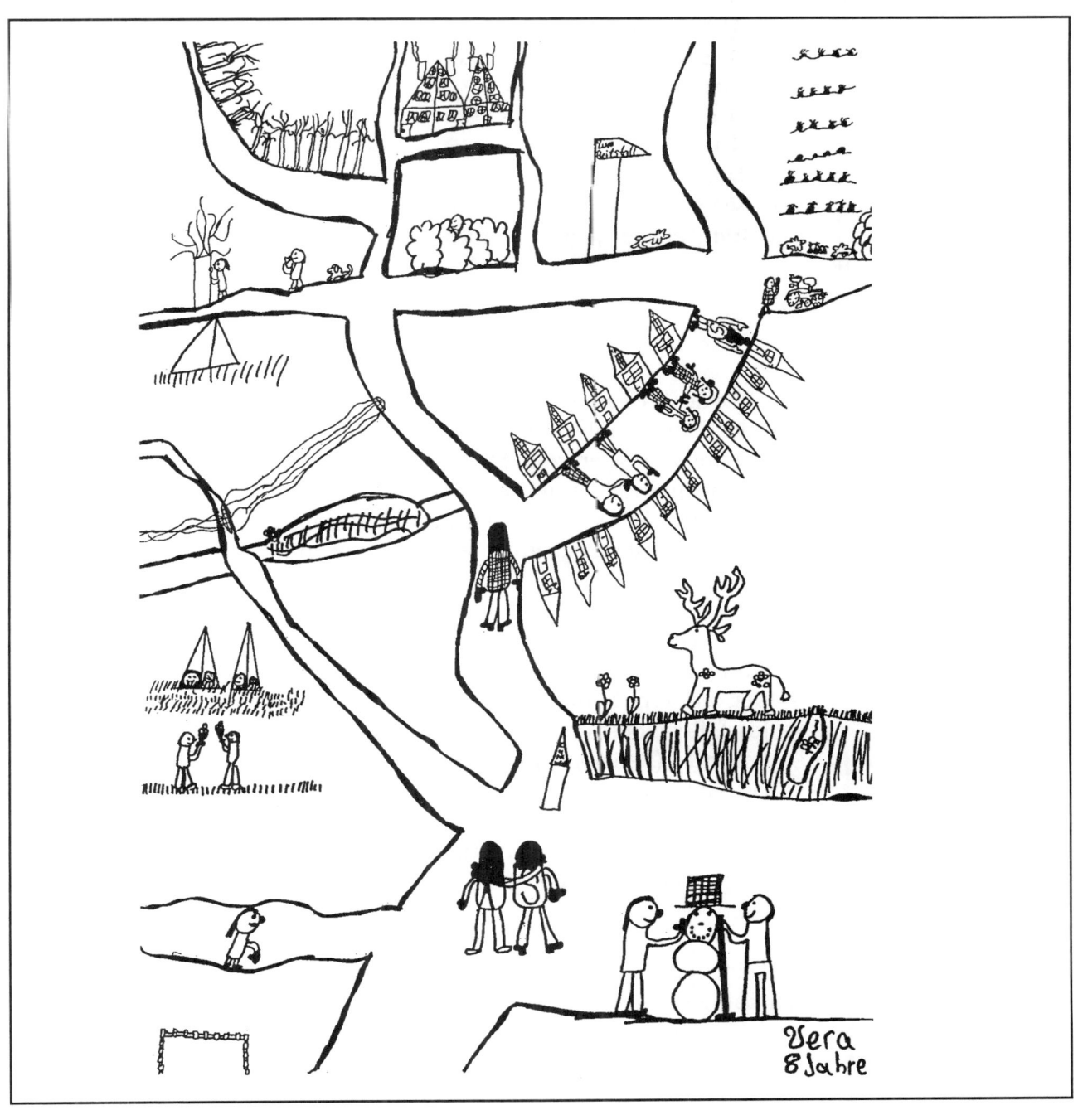

Kurzinhalt:
- Vorspiel
- Begrüßung
- Lied „Du hast uns, Herr, gerufen"
- Psalm 23
- Aktion 1 (beschriftete „Füße"):
  Erfahrungen auf bisherigen Wegen
- Lied „Ich und du" (1f)
- Aktion 2 (beschriftete „Füße"):
  Kommende Wege (Hoffnungen und Ängste)
- Lied „Ich und du" (3f)
- Aktion 3 (mit Symbolen und Schriftkärtchen):
  Was wir auf den zukünftigen Wegen brauchen
- Kurzansprache
- Lied „Halte zu mir, guter Gott"
- Gebet
- Tanz zu Psalm 23
- Segenslied „Bewahre uns, Gott"
- Individuelle Segnung der Kinder

Thematisches Stichwort

Das Bild des *Weges* legt sich nahe, um die Wechsel- und Übergangssituation von der Grundschule zur weiterführenden Schule mit Schülern zu thematisieren und zu deuten (zum Stichwort „Gehen – Unterwegs sein" vgl. auch Religionsunterricht praktisch 2, S. 6 und 104f). – Rückblick und Ausblick geben Raum für Dank, Zuversicht und Ängste, aber auch zur Besinnung auf die Zusage der Begleitung des mitgehenden Gottes.

Biblischer Bezug

Das Weg-Symbol nimmt in der Bibel breiten Raum ein. Von daher sind unterschiedliche Vernetzungen denkbar, z.B.
- Abraham (Religionsunterricht praktisch 1, S. 91ff)
- Der verlorene Sohn (Religionsunterricht praktisch 2, S. 19ff)
- Josef (Religionsunterricht praktisch 2, S. 81ff)
- Psalm 23 (Religionsunterricht praktisch 2, S. 102ff)
- Ostern (Religionsunterricht praktisch 2, S. 128ff)
- Mose (Religionsunterricht praktisch 3, S. 69ff)
- Jona (Religionsunterricht praktisch 4, S. 147ff bzw. 163ff)
Hier wird vorgeschlagen, Ps 23 und Abrahams Weg in den Mittelpunkt zu stellen.

Zentrale Idee

Auf einem großen Weg-Bild (ca. 150 cm x 150 cm) werden bisherige und zukünftige Wege der Entlaßschüler unter den Gesichtspunkten Erinnerung und Ausschau auf Kommendes bedacht. Stilisierte Fußsohlen und symbolische Wegbegleiter (z.B. Weggefährten – Wegweiser) füllen und verändern im Laufe des Gottesdienstes das Gemeinschaftsbild.

Bezug zum Unterricht

Verantwortlicher Träger dieses SG's ist das 4. Schuljahr. Hier sind neben den „üblichen" Aufgaben (z.B. Lieder, Gebete) vorbereitend folgende Vorarbeiten zu erbringen:

– Wiederholung von Ps 23, insbesondere in Verbindung mit den Aspekten „Das Leben ist ein Weg", „Gott begleitet unsere Wege" und „Mit dem guten Hirten auf dem Weg" (vgl. Religionsunterricht praktisch 2, S. 104f).
– Anfertigung der „Füße" für das Wegbild
– Formulierung der Voten
   a) Erfahrungen auf unseren bisherigen Wegen
   b) Kommende Wege
– Verständigung darüber, was „Wegbegleiter" auf den zukünftigen Wegen sein kann (s.u.) – Benennung und Beschaffung der Symbole, ggf. Anfertigung von Schriftkärtchen.
   Da das „Abschiedsgeschenk" für die Entlaßschüler Überraschungscharakter haben soll, wird vorgeschlagen, die dafür notwendigen Vorbereitungen durch ein anderes Schuljahr, hier vorzugsweise das 2. Schj. (in dem Psalm 23 Unterrichtsgegenstand ist) vornehmen zu lassen. Das Geschenk kann Unterschiedliches beinhalten.
   Alternativ bieten sich z.B. an:
   – ein *Reisesäckchen* (Leinen/Nessel/Filz/Stoff – etwa postkartengroß) für jeden Entlaßschüler kann beispielsweise enthalten: Minibrötchen – „Fuß" mit einem Segenswunsch (gute Anregungen enthält z.B. Mein Liederbuch 2, S. 54ff), („Irische Segenssprüche" und S. 57ff [„Segen"]) ... Das Säckchen sollte nicht zu aufwendig und „prall" gefüllt sein;
   oder
   – ein *Wegweiser*: Zahnstocher, an dessen oberes Ende ein „Wegschild" mit einem Satz aus Ps 23 geklebt wird;
   oder
   – Minikompaß o.ä.

Technische Vorarbeiten

– Weg-Bild, ca. 150 cm x 150 cm, auf Nessel oder Rotationspapier malen. Elemente u.a.: Weg – Weggabelung – einige aufgemalte „Füße" – Berge – Gewässer – Horizont – Blumen ...
– Dekonadeln bzw. Doppelklebestreifen zum Befestigen der „Füße" auf den Wegen.

Verlauf

Vorspiel

Begrüßung und Einstimmung in das Thema des Gottesdienstes

Lied „Du hast uns, Herr, gerufen ..." (s. Religionsunterricht praktisch 3, S. 52 – EG 168)
oder
Instrumentalstück (Flötengruppe o.ä.)

Psalm (Wechsel zwischen Schülergruppe und der übrigen Schulgemeinde)

Psalm 23

Der Herr ist mein Hirte,
mir wird nichts mangeln.
    Er weidet mich auf einer grünen Aue
    und führet mich zum frischen Wasser.
Er erquicket meine Seele, er führet mich
auf rechter Straße um seines Namens willen.
    Und ob ich schon wanderte im finstern Tal,
    fürchte ich kein Unglück;
denn du bist bei mir,
dein Stecken und Stab trösten mich.
    Du bereitest vor mir einen Tisch
    im Angesicht meiner Feinde.
Du salbest mein Haupt mit Öl
und schenkest mir voll ein.

(aus: Lutherbibel, revidierter Text 1984, mit Genehmigung der Deutschen Bibel-gesellschaft)

Aktion 1: Erfahrungen auf unseren bisherigen Wegen
    Im vorderen Teil des Gottesdienst-Raumes steht die Stellwand mit dem
    großflächigen Weg-Bild (s.u.)

Etwa 3-4 vorbereitete Sch. treten nach vorn, nennen positive oder negative Erfahrungen auf ihrem bisherigen Schul-Weg und heften einen vorbereiteten „Fuß" (Tonpapier) mit entsprechendem Stichwort auf den noch nicht geteilten Weg.

Beispiele:
- Jugendherberge
- gute Klassengemeinschaft
- eine schlechte Note
- Streit mit XY
- Projektwoche „Märchen" o.ä.

Lied

2. Ich und du tragen Schuh,
laßt uns aufeinander sehen,
auf die Wege, die wir gehen.

(aus: W. Longardt, Du bist unter uns, Gütersloher Verlagshaus Gerd Mohn)

(Ggf. können die Strophen auch im Wechsel mit den Voten der Kinder gesungen werden.)

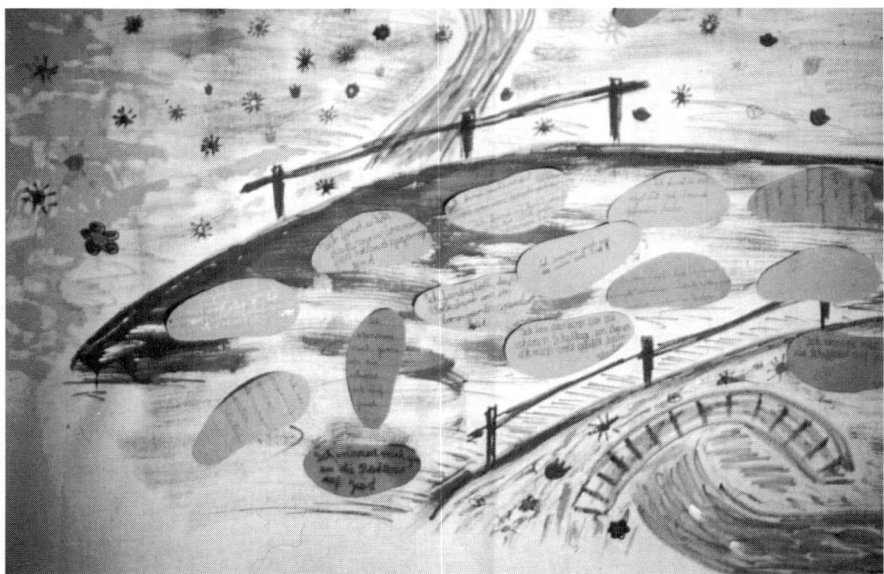

Verbindende Worte: Hinweis auf das Ende der Grundschulzeit – Unsere Wege trennen sich jetzt – Welche Gefühle leiten uns im Blick auf den vor uns liegenden Weg?

Aktion 2: Kommende Wege

Analog zur Aktion 1 formulieren 3-4 Sch. Hoffnungen und Ängste im Blick auf den vor ihnen liegenden Weg. Auch hier bringen sie vorberei- tete „Füße" in das Wegbild (jenseits der Gabelung) ein.
Beispiele:
– neue Lehrer/innen
– neue Freunde/Freundinnen
– mögliche Größe und Fremdheit der neuen Schule ...

Lied „Ich und du ..."
3. Wo wir gehen, wo wir stehen
    bist du, guter Gott, dabei,
    ob es hell, ob's dunkel sei.

4. Ich und du tragen Schuh',
    ach, die können was erzählen,
    welche Wege wir uns wählen.

Überleitung: Gespräch zum Thema: „Was wir auf den Wegen brauchen, die vor uns liegen" (z.B. Weggefährten – Wegzehrung – Wegweiser – Bank zum Ausruhen – gutes Schuhwerk – Kompaß ...).

Aktion 3: Ausgewählte Beispiele aus dem o.g. Gespräch (vorbereitet und spontan) werden durch Symbole oder Schriftkärtchen in das Wegbild eingefügt und in ihrem Symbolgehalt gedeutet (z.B. „gutes Schuhwerk" = Was wir in der GS gelernt haben, gut gerüstet sein – Gute Gemeinschaft ...).

Liedstrophe (Wiederholung) „Wo wir gehen ..." (s. S. 126)

Deutung (L./P.) unter Bezugnahme auf eine den Sch. bekannte biblische Weg-Geschichte (z.B. Abraham), die mit der aktuellen Situation der Entlaßschüler zu verschränken ist.
Aspekte: Situation des Aufbruchs und Neuanfangs hier und dort – Gefühle von Ängstlichkeit, Neugier und Erwartung – Dankbarkeit für den zurückliegenden Weg.
Aufbruch ins Unbekannte unter der Zusage, daß Gott unsere Wege begleitet (Verweis auf Str. 3 des Liedes „Ich und du ...") – Eltern, Lehrer, Freunde ... als Begleiter ins Leben ...

Lied „Halte zu mir, guter Gott ..." (Schwerter Liederbuch, Nr. 249)

Gebet „Zeige uns den Weg ..." (Schwerter Liederbuch, Nr. 238)

Alternative

Text: Ideenwerkstatt zur Kirchengottes-
dienstgesamtgestaltung 1994
Melodie: Gabriele Traub
Rechte bei den Autoren

Tanz zu Psalm 23: Choreographie und Musik – s. Religionsunterricht praktisch 2, S. 112ff.

Vaterunser

Segenslied „Bewahre uns, Gott ..." (EG 171 – Schwerter Liederbuch, Nr. 85)
Ausgabe der „Reisesäckchen" bzw. „Wegweiser" (s. S. 123) an die Entlaßschüler. Dabei kann ggf. das o.g. Lied mehrmals wiederholt werden.

Segnung der Kinder

Alternative bzw. ergänzende Lieder:

„Wir sehen viele Wege" (in: Westf. Verband für Kindergottesdienst, Hg., Liederheft für den Kindergottesdienst, Schwerte 1987², Nr. A 3)

„Wir haben Gottes Spuren festgestellt" (in: ebd., Nr. A 5)

„Der Wege so viel" (in: ebd., Nr. A 11)

„Ein langer Weg, doch klein sind meine Schritte" (in: ebd., Nr. A 12)

„Ich möcht', daß einer mit mir geht" (in: ebd., Nr. A 27 – EG 209)

„Wohin soll ich gehn?" (in: ebd., Nr. B 22)

„Man sagt, daß du mir nahe bist" (in: ebd., Nr. B 34)

„Mal deinen Weg" (in: Licht auf meinem Weg. Liederheft, S. 2f, und Cassette, Menschenkinder Musikverlag, Münster 1986)

„Das wünsch' ich sehr, daß immer einer bei mir wär" (in: Schwerter Liederbuch, Nr. 218)

„Wechselnde Pfade, Schatten und Licht" (in: Troubadour für Gott, Nr. 193)

Anhang

1. Literatur

Eine Literaturliste kann nur exemplarische Funktion haben; die Auswahl ist zudem subjektiv. Der Schwerpunkt wurde auf neuere Titel im Bereich „Schulgottesdienst für Grund- und Sonderschule" gelegt, die (mehr oder weniger) den o.a. Kriterien genügen.

In der Praxis gibt es – trotz unterschiedlicher Begründungen und Adressaten – vielfältige Überschneidungen zwischen
- Schulgottesdiensten
- Kindergottesdiensten
- Familiengottesdiensten.

Die Literatur zu Kinder- und Familiengottesdiensten enthält viele Anregungen auch für den Schulgottesdienst. Der Blick über den eigenen Tellerrand kann hier nur gewinnbringend sein.

1.1 Schulgottesdienst – Grundfragen und einführende Literatur

O. Betz, Fest und Ritual, in: W. Böcker u.a., Hg. Handbuch Religiöse Erziehung, Bd. 1: Lernbedingungen und Lerndimensionen, Schwann, Düsseldorf 1987, S. 280ff

E. Domay, Hg. Arbeitsbuch Gottesdienst. Ideen und Modelle für ein ganzheitliches Erleben des Gottesdienstes, Gütersloher Verlagshaus Gerd Mohn, Gütersloh 1990

H.-J. Frisch, Leitfaden Kinder- und Familiengottesdienst, Patmos, Düsseldorf 1992

E. Großmann/R. Bäcker, Schulgottesdienst. Situationen wahrnehmen und gestalten (Gemeindepädagogik, Bd. 7), Gütersloher Verlagshaus Gerd Mohn, Gütersloh 1992

B. Jeggle-Merz u.a., Gottesdienst feiern mit Kindern. Werkbuch, Herder, Freiburg/Basel/Wien 1994

W. Neuser, Gottesdienst in der Schule. Grundlagen – Erfahrungen – Anregungen, Calwer, Stuttgart 1994

R. Kirste, Gottesdienst als Fest und Besinnung, in: E. Domay/R. Kirste, Hg., Schulgottesdienste. Entwurf und Materialien, Gütersloher Verlagshaus Gerd Mohn, Gütersloh 1989

P. Musall, Hg., Leben feiern. Religiöse Gemeinschaft mit Kindern (Reihe „8-13"), Burckhardthaus-Laetare, Offenbach 1992

H.R. Preuß, Gemeindearbeit durch Schulgottesdienst, in: Der Evangelische Erzieher, H. 6/1987, S. 679-689

Themenheft „Schulgottesdienst", in: Kat. Blätter 7/8, 1990 (u.a. J.H. Schneider, Zur Zukunft der Schulgottesdienste)

Themenheft „Gottesdienst/Lebendige Liturgie", in: Der Evangelische Erzieher, H. 6/1989 (darin u.a.: Im Gottesdienst nichts Neues? Ein Plädoyer für lebendige Liturgie [S. 522ff], Wie [ein] Kindergottesdienst entsteht. Elemente einer liturgischen Didaktik [S. 532ff], Schulgottesdienste Primarstufe – Grundsatzerwägung und Beispiel [S. 546ff])

1.2 Liturgie

a) Allgemein

M. Decker, Hg., Mit Kindern Gottesdienst feiern. Arbeitshilfe zur Liturgie im Kindergottesdienst (u.a. Ordnungen/Raumgestaltung/Beten/Singen und Musizieren), Landesverband für Ev. Kindergottesdienstarbeit in Bayern, Nürnberg 1988

E. Dietrich u.a., Hg., Er gebe uns ein fröhlich Herz. Überlegungen, Vorschläge, Texte für die Liturgie im
   Kindergottesdienst, Junge Gemeinde, Stuttgart 1985
E. Dietrich/V. Horstmeier, Hg., Arbeitsfeld Kinderkirche – heute und morgen. Berichte – Beispiele –
   Anregungen, Junge Gemeinde, Stuttgart 1986
Liturgie im Kindergottesdienst, Materialheft 45, Frankfurt 1985. – Bezug: Beratungsstelle für Gestaltung von Gottesdiensten und anderen Gemeindeveranstaltungen, Eschersheimer Landstr. 565,
   60431 Frankfurt
Rhein. Verband f. Kindergottesdienst, Hg., Wir feiern Kindergottesdienst – Agendenmappe
   zum Thema – „Sich freuen und traurig sein", (Mappe mit Ringbucheinlage, 3 Fotopostern,
   9 Dias, Cassette), 1983, Rhein. Verband f. Kindergottesdienst, 66115 Saarbrücken, Im Füllengar-
   ten

b) Gebet – Psalmen
D. Block, Gut, daß du da bist. Gebete für Kinder, Kaufmann/Benziger, Lahr/Zürich/Köln 1974
E. Gruber, 365 Kindergebete. Herder, Freiburg/Basel/Wien 1991²
H. König, Was ich dir sagen will. Kinder beten, Kösel, München 1992
J. Koerver u.a., Hg., Sagt Gott, wie wunderbar er ist. Alte und neue Psalmen zum Sprechen und
   Singen, Junge Gemeinde, Stuttgart 1990
R. Krenzer, Hg., Halte zu mir heute guter Gott. Ein Gebetbuch für Kinder und für Erwachsene, die mit
   Kindern beten, Lahn, Limburg 1988²
Mering, Klaus von, Deine Güte reicht, so weit der Himmel ist. Mit Psalmen beten, Stuttgart 1989
W. Schiffers, Gott darf ich alles sagen, Bergmoser + Höller, Aachen o.J.
R. Schindler, Gott, ich kann mit dir reden. Gebete, die uns begleiten. Für Kinder, Jugendliche und
   Eltern, Kaufmann/Benziger, Lahr/Zürich/Köln 1983²
D. Stork, Zukunft, die heute beginnt. Die Psalmen – neu gelesen, Katholisches Bibelwerk, Stuttgart
   1992
D. Stork, Mein Lachen in der Angst. Die Psalmen neu gelesen, Katholisches Bibelwerk, Stuttgart 1992
H. u. J. Zink, Wie Sonne und Mond einander rufen. Gespräche und Gebete mit Kindern, Kreuz,
   Stuttgart 1990⁷

c) Lieder
Arbeitskreis f. kulturelle Bildung u.a., Hg., Mein Liederbuch für heute und morgen. Notenausgabe,
   tvd, Düsseldorf 1991⁷
E. Bihler u.a., Hg., Singet dem Herrn. Schwerter Liederbuch, Verlag BDKJ, Paderborn 1990²
Deutscher Katecheten-Verein u.a., Hg., Mein Kanonbuch, tvd, Düsseldorf 1992³
H.-J. Frisch, Hg., Wenn du singst, sing nicht allein. 250 Lieder für Familie, Gemeinde und Schule,
   Patmos, Düsseldorf 1990
D. Jöcker, Das Liederbuch zum Umhängen. 100 der schönsten religiösen Kinderlieder, Menschenkin-
   der, Münster 1991³
D. Jöcker, Das Liederbuch zum Umhängen 2, Menschenkinder, Münster 1991
Kolping-Bildungswerk, Hg., Troubadour für Gott, Echter, Würzburg 1991²
R. Krenzer, Hg., 100 einfache Lieder Religion, Kaufmann/Kösel, Lahr/München 1987⁴
Mein Liederbuch 2: Ökumene heute. Notenausgabe, tvd, Düsseldorf 1991
Menschenskinderlieder. Ein Liederbuch zu den Kinderkirchentagen 1987 und darüber hinaus, Bera-
   tungsstelle für Gestaltung von Gottesdiensten und anderen Gemeindeveranstaltungen, Frankfurt
   1992¹³
M.G. Schneider, Sieben Leben möcht ich haben. Neue Lieder für Schule, Gemeinde und Familie,
   Christophorus/Kaufmann, Freiburg/Br./Lahr 1986⁴
D. Trautwein, Komm, Herr, segne uns, Burckhardthaus-Laetare, Offenbach 1988

G. Watkinson, Hg., 111 Kinderlieder zur Bibel. Neue Lieder für Schule, Kirche und Haus, Kaufmann/ Christophorus, Lahr/Freiburg/Br. 1973[6]

G. Watkinson, Hg., 9 x 11 Neue Kinderlieder zur Bibel. Lieder für Schule, Gottesdienst und Familie, Kaufmann/Christophorus, Lahr/Freiburg/Br. 1974

1.3 Gottesdienstmodelle

M. Bartmann/I. Vrsovsky, Licht, von dem wir leben. Ökumenische Schulgottesdienste (26 Modelle zum Kirchenjahr, zum Schuljahresende, zur Entlassung, zu div. Themen, u.a. „Zeit", „Freundschaft", „Zukunft"), Don Bosco, München 1987

Beratungsstelle für Gestaltung, Hg., Gottesdienste mit Kindern für ein Jahr (Modelle zu biblischen Themen und zum Symbol „Wasser"), Materialheft 39, Frankfurt/M. 1983, Direktbezug: Beratungsstelle für Gestaltung von Gottesdiensten und anderen Gemeindeveranstaltungen, Eschersheimer Landstr. 565, 60431 Frankfurt/M.

H.-G. Beutler-Lotz, Mit Herzen, Mund und Händen, Familiengottesdienste durch das Kirchenjahr, Patmos, Düsseldorf 1992

E. Deitrich/A. Weidle, Hg., Weit ist der Weg nach Emmaus. Familiengottesdienste, Spiele und Bausteine für die Festzeiten im Kirchenjahr, Junge Gemeinde, Stuttgart 1988 (u.a. Jahresanfang – Passion – Ostern – Himmelfahrt und Pfingsten)

E. Domay/R. Kirste, Hg., Schulgottesdienste. Entwürfe und Materialien (14 Entwürfe zum Kirchenjahr, zu Symbolen, zu biblischen und problemorientierten Themen für Primarstufe und S I sowie weitere „Bausteine"), Gütersloher Verlagshaus Gerd Mohn, Gütersloh 1989

W. Eizinger, Schülergottesdienste im Kirchenjahr. 36 Modelle mit Spielszenen. Konkrete Liturgie, Pustet, Regensburg 1987

Ev. Kirche im Rheinland, Hg., Schulgottesdienste für die Primarstufe (auch für Klassen 5-6), (14 Modelle zum Kirchenjahr, zum Schulanfang und -abschluß, zu Symbolen etc.), Direktbezug: Presseverband der Ev. Kirche im Rheinland, Rochusstr. 44, 40479 Düsseldorf

Familien- und Jugendgottesdienste. Jahresabonnement (= 12 Hefte) DM 96,00 (zuzügl. Porto). Direktbezug: Verlag Bergmoser + Höller, Karl-Friedrich-Str. 76, 52072 Aachen

H. Hanisch/W. Müller, ABC – Heut geht's los. Materialien und Modelle für Schulanfänger-Gottesdienste, Quell, Stuttgart 1994

M. Hinderer u.a., Hg., Von Babylon bis Bethlehem. Familiengottesdienste gemeinsam mit Kindern gestalten und feiern, (u.a. Advent/Weihnachten, Passion, Pfingsten, Taufe), Junge Gemeinde, Stuttgart 1994

W. Hoffsümmer, 122 Symbolpredigten durch das Kirchenjahr, Grünewald, Mainz 1992

W. Hoffsümmer, 144 Zeichenpredigten durch das Kirchenjahr. Mit Gegenständen aus dem Alltag (u.a. Kirchenjahr, Glauben, Schuljahrsbeginn und -ende, Ferien), Grünewald, Mainz 1991[5]

W. Hoffsümmer, Geschichten als Predigten. Für Gottesdienst, Schule und Gruppe (Kirchenjahr, div. Themen, u.a. „Frieden", „Nächstenliebe", „Schulbeginn"), Grünewald, Mainz 1989

W. Hoffsümmer, Wir freuen uns auf die Predigt. Beispiele für Kinder-, Jugend- und Familiengottesdienste (u.a. „Alltagssituationen", „Kirche", „Kirchenjahr", „Christsein"), Grünewald, Mainz 1979[2]

M. Huber, Mit dem Herzen feiern. Kindergottesdienste zu Erstkommunion, Schulanfang, Schulschluß, Weihnachten, Fastnacht (10 Entwürfe), Herder, Freiburg 1984

Kindermeßbörse. Jahresabonnement (= 4 Hefte) DM 26,00 (einschl. Versand). Direktbezug: Verlag Kindermeßbörse, Hoher Turm 5, 31137 Hildesheim

E. Lade, Hg., Musterbeispiele für die ansprechende Gestaltung von Schulgottesdiensten. Ökumenischer Ratgeber für alle Altersstufen und Schulformen, 4 Bände (kirchenjahrs- und themenorientiert), WEKA Management Fachverlage, Kissing/Zürich/Paris/Mailand/Amsterdam/Wien/New York 1987ff (mit aktualisierenden Nachlieferungen) – mehrheitlich Modelle für Sek. I und II

H. Laarmann, Bilder erzählen von Gott. Neue Gottesdienstmodelle, Herder, Freiburg/Br. 1990²

H. Laarmann, Mit Zeichen und Symbolen. Neue Familiengottesdienste (30 Vorschläge mit Symbolen zum Kirchenjahr, zum Schuljahresende, zum Thema Ferien u.a.), Herder, Freiburg/Br. 1985²

H. Laarmann, Mit Freude das Leben feiern. Neue Familiengottesdienste, Herder, Freiburg/Br. 1993

L. Laucht, Heute will ich zu dir kommen. Gottesdienste, die Kinder trösten und ermutigen (Modelle zu biblischen Texten, u.a. Zachäus, Verlorener Sohn, Beten), Junge Gemeinde, Stuttgart 1994

Mit Kindern und Erwachsenen Gottesdienst feiern. Materialheft 59, Frankfurt 1993, Bezug: Beratungsstelle für Gestaltungen, Eschersheimer Landstr. 565, 60431 Frankfurt/M.

G. Mohr, Allen soll das Leben blühen. Familiengottesdienste, Junge Gemeinde, Stuttgart 1993 (u.a. „Modelle zu Weihnachten", „Ostern", „Schöpfung", „Menschen miteinander", „Erntedank")

K. Nodewald, Wir sind von Gott geleitet und angenommen. Gottesdienste mit Kindern von Advent bis Ostern, Lahn, Limburg 1991

H. Rupp, Mit Uhren und Nüssen, mit Tauben und Nägelkreuzen. Anregungen für Gottesdienste mit Schülern und Jugendlichen, in: „Entwurf" 2/85, S. 55-58

I. Rupprecht u.a., Hg., Zieh den Kreis nicht zu klein. Gemeinschaft erleben, Feste feiern in Familien, Gruppen und Kindergärten, Grünewald, Mainz 1985 (Entwürfe u.a. zum Kirchenjahr, Schulanfang und zu biblischen Themen)

G. Schäfer/R. Ziegler, Familiengottesdienste im Fest- und Jahreskreis. Werkbuch mit Modellen, Lahn, Limburg 1993

D. Steinwede, Meinen Bogen setze ich in die Wolken. Schulgottesdienste für die Grundschule (13 Vorschläge, u.a. Kirchenjahr, Brot, Wasser, Frieden), Patmos/Kaufmann, Düsseldorf/Lahr 1988

Cl. Stroppel, Hg., Kommt her, wir feiern heut. Schul- und Schülergottesdienste Grundstufe (Klasse 1–4), (Modelle zum Schul- und Kirchenjahr, u.a. Beginn und Ende des Schuljahres, Advent/Weihnachten, Fasten-/Osterzeit. – Biblische Themen: Säemann, Bartimäus, David, Abraham), Schwabenverlag, Ostfiltern 1994

W. Wessel, Mit Kindern den Glauben feiern. Familiengottesdienste, Herder, Freiburg/Basel/Wien 1981 (leider vergriffen)

Modelle für Schul- und Familiengottesdienste können ferner über folgende Adressen bezogen werden:

Materialstelle Gottesdienst, Georg-Stefan-Str. 54, 90453 Nürnberg

Beratungsstelle für Gestaltung von Gottesdiensten und anderen Gemeindeveranstaltungen, Stettenstr. 50, 60322 Frankfurt/M. (Modelle u.a. zum Schulanfang)

2. Lieder in den Modellen

3. Stichwortregister zu den Modellen

Das Stichwortverzeichnis will zum einen Schlüssel zu Themen des Lehrplans sowie des Schul- und Kirchenjahres sein. Es will zum andern auf weitere Aspekte und Verknüpfungen aufmerksam machen, aus denen sich Bausteine für eigene Gottesdienstabläufe zusammenstellen lassen.

Baum 1
Bibel 11
Brücke 11
Brunnen 10
Elemente 6
Entlassung 12/13
Fisch 7
Franziskus 6
Gemeinschaft, Gemeinde, Kirche 3/5/8/11
Gestirne 6
Gleichnisse 2/10
Gott 2/4/6/7/9/11/12/13
Hand 4
Haus 8
Hirte 2
Jesus 1/2/3/5/8/10
Jünger 1
Kreuz 1

Leben, neues Leben 1/2/6/7/8/11
Luther, M. 11
Mobile 5
Noah 9
Passion – Ostern 1
Reformation 11
Regenbogen 9
Schirm 12
Schöpfung 6/9
Schuh 13
Sonne 6
Stein 8/11
Tiere 6/9
Tür 7
Vergeben, Vergebung 7/11
Wachstum, Wachsen 3
Wasser 7/9/10
Weg 1/13

4. Abkürzungsverzeichnis

4.1 Allgemeine Abkürzungen und Abkürzungen biblischer Bücher

a.a.O.	am angegebenen Ort	o.a.	oben angegeben
Apg	Apostelgeschichte	o.ä.	oder ähnlich(es)
AT	Altes Testament	Offb	Offenbarung
Aufl.	Auflage	o.g.	oben genannt
Bd.	Band	o.J.	ohne Jahr(esangabe)
bzw.	beziehungsweise	o.O.	ohne Ort(sangabe)
BDKJ	Bund der kath. Jugend	P	Pfarrerin/Pfarrer/Priester
ca.	circa	parr.	Parallelstellen
cf.	confer	1.Petr	1. Petrusbrief
ebd	ebenda	Ps	Psalm
EG	Evangelisches Gesangbuch	PTI	Pädagogisch-Theologisches Institut
EKG	Evangelisches Kirchengesangbuch	Röm	Römerbrief
etc.	etcetera	RU	Religionsunterricht
ev.	evangelisch	s.	siehe
Ex	Exodus (2. Buch Mose)	S.	Seite
f/ff	folgende Seite(n), Vers(e), Jahr(e)	2.Sam	2. Samuel
Gen	Genesis (1. Buch Mose)	SG	Schulgottesdienst
ggf.	gegebenenfalls	Spr	Sprüche Salomos
Hg.	Herausgeber	Sch.	Schülerin/Schüler, Schüler/innen
Hi	Hiob	s.o.	siehe oben
i.A.	in Auszug	St.	Stück
Jes	Jesaja	Str.	Strophe(n)
Jer	Jeremia	s.u.	siehe unten
Joh	Johannes	TP	Tageslichtprojektor
1.Joh	1. Johannes-Brief	u.a.	und andere, unter anderem
kath.	katholisch	u.ä.	und ähnliche(s)
1.Kor	1. Korintherbrief	u.ö.	und öfter
L	Lehrerin/Lehrer	u.U.	unter Umständen
Lev	Levitikus (3. Buch Mose)	V.	Vers
Mk	Markus	v.Chr.	vor Christus
Mt	Matthäus	vgl.	vergleiche
NRW	Nordrhein-Westfalen	z.B.	zum Beispiel
NT	Neues Testament	zit.	zitiert
Num	Numeri (4. Buch Mose)		

4.2 Literatur und Quellen, auf die häufiger verwiesen wird

Kurzschreibweise	Langfassung
Das Liederbuch zum Umhängen	D. Jöcker u.a., Das Liederbuch zum Umhängen. 100 der schönsten religiösen Kinderlieder, Menschenkinder, Münster 1991[3]
Mein Kanonbuch	Deutscher Katecheten-Verein, Hg., Mein Kanonbuch, tvd, Düsseldorf 1992[3]
Mein Liederbuch für heute und morgen	Arbeitskreis für kulturelle Bildung u.a., Hg., Mein Liederbuch für heute und morgen. Notenausgabe, tvd, Düsseldorf 1991[7]
Mein Liederbuch 2	Mein Liederbuch 2: Oekumene heute, Notenausgabe, tvd, Düsseldorf 1992
Menschens Kinder Lieder	Menschenskinderlieder. Ein Liederbuch zu den Kinderkirchentagen 1987 und darüber hinaus, Beratungsstelle für Gestaltung von Gottesdiensten, Frankfurt 1992[13]
Religionsunterricht praktisch 1	H. Freudenberg, Hg., Religionsunterricht praktisch – Unterrichtsentwürfe und Arbeitshilfen für die Grundschule. 1. Schuljahr, Vandenhoeck & Ruprecht, Göttingen 1994[4]
Religionsunterricht praktisch 2	H. Freudenberg, Hg., Religionsunterricht praktisch – Unterrichtsentwürfe und Arbeitshilfen für die Grundschule. 2. Schuljahr, Vandenhoeck & Ruprecht, Göttingen 1994[4]
Religionsunterricht praktisch 3	H. Freudenberg, Hg., Religionsunterricht praktisch – Unterrichtsentwürfe und Arbeitshilfen für die Grundschule. 3. Schuljahr, Vandenhoeck & Ruprecht, Göttingen 1994[4]
Religionsunterricht praktisch 4	H. Freudenberg, Hg., Religionsunterricht praktisch – Unterrichtsentwürfe und Arbeitshilfen für die Grundschule. 4. Schuljahr, Vandenhoeck & Ruprecht, Göttingen 1994[4]
Sagt Gott, wie wunderbar er ist	J. Koerver u.a., Hg., Sagt Gott, wie wunderbar er ist. Alte und neue Psalmen zum Sprechen und Singen, Junge Gemeinde, Stuttgart 1990
Schulgottesdienste mit Religionsunterricht praktisch, Bd. 1	H. Freudenberg, Hg., Schulgottesdienste mit Religionsunterricht praktisch. Entwürfe und Modelle für Grundschule und Sonderschule (Klasse 1–4), Bd. 1, Vandenhoeck & Ruprecht, Göttingen 1994
Schwerter Liederbuch	E. Bihler u.a., Hg., Singet dem Herrn. Schwerter Liederbuch, Verlag BDKJ, Paderborn 1990[2]
Sieben Leben möcht ich haben	M.G. Schneider, Sieben Leben möcht ich haben. Neue Lieder für Schule, Gemeinde und Familie, Christophorus/Kaufmann, Freiburg/Lahr 1986[4]
Troubadour für Gott	Kolping-Bildungswerk, Hg., Troubadour für Gott, Echter, Würzburg 1991[2]

G. Watkinson, Hg., 9 x 11 neue Kinderlieder zur Bibel	G. Watkinson, Hg., 9 x 11 neue Kinderlieder zur Bibel. Lieder für Schule, Gottesdienst und Familie, Kaufmann/Christophorus, Lahr/Freiburg 1974
G. Watkinson, Hg., 111 Kinderlieder zur Bibel	G. Watkinson, Hg., 111 Kinderlieder zur Bibel. Neue Lieder für Schule, Kirche und Haus, Christophorus/Kaufmann, Freiburg/Lahr 1973[6]
Wenn du singst, sing nicht allein	H.-J. Frisch, Hg., Wenn du singst, sing nicht allein. 250 Lieder für Familie, Gemeinde und Schule, Patmos, Düsseldorf 1990

5. Rechtsgrundlagen für den Schulgottesdienst

Besondere Rechtsgrundlagen für die Durchführung von Schulgottesdiensten (hier unter dem Aspekt Grund- und Sonderschule) liegen z.Zt. *nicht* vor für die Bundesländer
- Brandenburg
- Bremen
- Hamburg
- Mecklenburg-Vorpommern
- Sachsen
- Sachsen-Anhalt

In *Berlin* ist insofern eine Sondersituation gegeben, als Schulgottesdienste oder schulgottesdienstähnliche Veranstaltungen die von der Kirche angestellten Katecheten verantworten:

> „Zur Abhaltung von religiösen Andachten und Feierstunden für die Schüler in den Religionsstunden oder in der unterrichtsfreien Zeit werden verfügbare Räume der Schulen auf Wunsch des Religionslehrers kostenlos zur Verfügung gestellt ...
> Die Verantwortung für diese Feierstunden tragen die Religionslehrer." (Ausführungsvorschriften über den Religionsunterricht vom 6.7.1987 – GBBL, S. 1232)

Über die Rechtsstellung des Katecheten als auch für den für den Schulgottesdienst Verantwortlichen heißt es in der „Dienstordnung für Katecheten" vom 11.12.1984 (KABL 1985, S. 4, ABL EKD 1985, S. 86, Nr. 38):

> „Der Katechet versieht seinen Dienst ausschließlich im Auftrag der Kirche ... Der Katechet nimmt im Rahmen der schulgesetzlichen Regelungen und der Schulordnung den kirchlichen Auftrag des Evangelischen Religionsunterrichts in der Schule wahr."

In den Ländern Bayern, Baden-Württemberg, Hessen, Niedersachsen, Nordrhein-Westfalen, Rheinland-Pfalz, Saarland und Schleswig-Holstein regeln Erlasse und Verordnungen – mit unterschiedlicher Akzentuierung – Fragen
- der Verantwortung für den Schulgottesdienst
- der Zuordnung des Schulgottesdienstes zum

Bildungs- und Erziehungsauftrag der Schule und zum Schulleben,
- der Anlässe und der Häufigkeit,
- der Freiwilligkeit der Teilnahme für Schüler/innen und Lehrer/innen.

Schulgottesdienste werden einerseits – z.T. expressis verbis – als *schulische Veranstaltungen*, andererseits als Veranstaltungen der *Kirche* verstanden.

Ungeachtet des Charakters der Schulgottesdienste als Schulveranstaltungen heben einige Bundesländer heraus, daß Schulgottesdienste weder durch schulische Mitwirkungsgremien (z.B. Schulkonferenzen) noch durch Schulleitungen zur Disposition gestellt werden dürfen: „Die Frage, ob und in welchem Umfang Schulgottesdienst abgehalten wird, fällt nicht in die Entscheidungsbefugnis der Schulkonferenz" (RdVerfügung des Schulkollegiums beim Regierungspräsidenten in Münster vom 12.12.1984 – Az.: 06/19/35-6-1).

Baden-Württemberg

„Schul- und Schülergottesdienste leisten einen wesentlichen Beitrag zur Verwirklichung des Erziehungs- und Bildungsauftrags der Schule. Sie dienen neben dem Religionsunterricht der religiösen Erziehung der Schüler. Dies gilt nicht nur für die Grund- und Hauptschulen, die nach Artikel 15 Landesverfassung christliche Gemeinschaftsschulen sind, sondern entsprechend dem Auftrag von Grundgesetz, Landesverfassung und Schulgesetz für alle Schularten. Dies erfordert, daß Schul- und Schülergottesdienste im Rahmen der Unterrichtszeit am Vormittag möglich sind. Sie können auch im Schulgebäude abgehalten werden ...

Den Schulen wird empfohlen, zu Beginn und Ende eines Schuljahres sowie vor oder nach größeren Ferienabschnitten (Weihnachtsferien, Osterferien) in Absprache mit den örtlichen Kirchenbehörden Schulgottesdienste abzuhalten. Dabei soll der Charakter dieser Gottesdienste als

Veranstaltung der Schule deutlich werden. Die Teilnahme für Lehrer und Schüler ist freiwillig."

(Verwaltungsvorschrift vom 21. Mai 1985 IV-1-3105/50 – Amtsblatt Baden-Württemberg – Amtlicher Teil I, H. 14 v. 2. Juli 1985, S. 311)

„Die bestehenden Einrichtungen und Maßnahmen der religiösen Bildung und Seelsorge werden gewährleistet. Dazu gehören vor allem Schulgottesdienst, Schülergottesdienst ... Schüler und Lehrer erhalten die Möglichkeit, daran teilzunehmen."

(Gesetz zur Änderung der Verfassung des Landes Baden-Württemberg und zur Ausführung von Art. 15 der Verfassung. – Bek. d. KM vom 9. November 1967 [ABl. S. 1260] – Neubekanntgabe durch Gesetz vom 25. November 1991 [ABl. S. 458], zit. nach: Schulrecht – Ergänzbare Sammlung für Schule und Schulverwaltung; Ausg. für das Land Baden-Württemberg, Erg.-Lfg. 62, Mai 1992, Luchterhand, Neuwied 1992, S. 63)

Bayern

„Schulgottesdienste sind einerseits Veranstaltungen der Kirche, die der Religionsausübung der Schüler dienen, andererseits schulische Veranstaltungen. Als schulische Veranstaltungen sind sie von der Schülerunfallversicherung abgedeckt. Auch sind die Schüler nach Maßgabe des § 91 Abs. 3 ASchO zu beaufsichtigen.
Schulanfangs- und Schulschlußgottesdienste können während der üblichen Unterrichtszeit gehalten werden. Im übrigen sollen Schulgottesdienste, soweit es möglich ist, außerhalb der allgemeinen Unterrichtszeit angesetzt werden. Soweit Schulgottesdienste während der allgemeinen Unterrichtszeit stattfinden, fällt der Unterricht während dieser Zeit für die Schüler des betreffenden Bekenntnisses, die am Schulgottesdienst teilnehmen, aus. Schüler, die nicht am Schulgottesdienst teilnehmen, können verpflichtet werden, am Unterricht, eventuell in anderen Klassen, teilzunehmen.
Schulgottesdienste finden zu besonderen Anlässen statt. In Betracht kommen z.B. Schulanfangs- und Schulschlußgottesdienste, Gottes-

dienste zur Weihnachtszeit, zur Fastenzeit, zur Osterzeit. Ihre Zahl darf grundsätzlich fünf im Schuljahr nicht überschreiten. Die Termine für die einzelnen Schulgottesdienste vereinbaren die zuständigen örtlichen Kirchenbehörden und der Schulleiter im Benehmen mit den Religionslehrern. Es ist anzustreben, daß Schulgottesdienste der verschiedenen Konfessionen, die während der allgemeinen Unterrichtszeit angesetzt werden, zur gleichen Zeit stattfinden, soweit gleichartige Anlässe für den Gottesdienst gegeben sind ...
Schulgottesdienste dürfen nicht zu verbindlichen schulischen Veranstaltungen im Sinne des § 16 Abs. 1 ASchO erklärt werden."

(KMBek. vom 21.4.1978 [KMBl I S. 116] RS 127)

„Eine Erziehung nach christlichen Grundsätzen verlangt ... eine entsprechende Gestaltung des Schullebens. Es soll den Schülern Anregungen geben, sich in Lebens- und Ausdrucksformen christlichen Glaubens einzuüben. Dazu gehören Ruhe und Sammlung, Gebet und Besinnung, Schulgottesdienst und Schulandachten sowie Einkehrtage bzw. Rüstzeiten."

(Leitsätze für den Unterricht und die Erziehung nach gemeinsamen Grundsätzen der christlichen Bekenntnisse an Grund-, Haupt- und Sonderschulen – Bekanntmachung des Bayer. Staatsministeriums für Unterricht und Kultus vom 6. Dez. 1988 – KWMBl. I 1989, S. 15)

„Die Schule unterstützt die Erziehungsberechtigten bei der religiösen Erziehung der Kinder auch außerhalb des Religionsunterrichts. Schulgebet, Schulgottesdienst und Schulandachten sind Möglichkeiten dieser Unterstützung ..."

(aus: Schulrecht für das Land Bayern [VO § 13 C (1)], Neuwied, S. 404)

Hessen

„Schülergottesdienste sind Veranstaltungen der Kirche oder Religionsgemeinschaften; eine Teilnahmepflicht für Schüler und Lehrer besteht nicht. Schülergottesdienste finden in der Regel außerhalb der Unterrichtszeit statt; dies gilt nicht für Schülergottesdienste, die traditionsgemäß während der Unterrichtszeit stattfinden sowie für Gottesdienste bei der Einschulung und Entlassung, am Beginn und am Ende eines Schuljahres."

(Der Kultusminister des Landes Hessen – Erlaß vom 7. Juli 1986 – IV B 2-820/121-28 und Erlaß v. 5.6.1991 [ABl. 7/91 Teil I, S. 427])

Niedersachsen

„Im Rahmen der Schule können Andachten und religiöse Feiern veranstaltet werden. Das gleiche gilt für Schulgottesdienste als gemeinsame Veranstaltungen von Schule und Kirche. Die Teilnahme ist für Schüler und Lehrer freiwillig. Auf die Empfindungen Andersdenkender ist Rücksicht zu nehmen (§ 3 NSchG)."

(Schulverwaltungsblatt für Niedersachsen, H. 4/1992, Amtlicher Teil, S. 60)

Nordrhein-Westfalen

„Die Schulgottesdienste nach diesem Runderlaß sind Schulveranstaltungen.

Für allgemeinbildende Schulen und berufsbildende Vollzeitschulen, in deren Stundentafeln Religionslehre als Unterrichtsfach aufgenommen ist, wird Gelegenheit zum Schulgottesdienst gegeben. Dieser Schulgottesdienst erscheint in der Regel als eine erste Stunde im Stundenplan und tritt nicht an die Stelle einer der in den Stundentafeln vorgesehenen Unterrichtsstunden. Er darf einmal wöchentlich stattfinden.

Ein weiterer Schulgottesdienst kann einmal wöchentlich an einem Werktag außerhalb der Unterrichtszeit gehalten werden ...

Die Schulleiter legen die Zeiten für die Schulgottesdienste nach Fühlungnahme mit den Religionslehrern und im Einvernehmen mit den für den Gottesdienstraum zuständigen kirchlichen Stellen fest. Der Schulgottesdienst wird auf die durch Stundentafeln vorgeschriebene Zahl der Unterrichtsstunden in Religionslehre nicht angerechnet. Bei vier Wochenstunden Religionslehre sind Ausnahmen auf Antrag der zuständigen kirchlichen Oberbehörde zulässig."

(RdErl. d. Kultusministers vom 13.4.1965 [Abl.KM.NW. 1965, S. 101] – BASS 14-16 Nr. 1 –)

Wichtige Hinweise zum Verständnis des Schulgottesdienstes aus schulischer Sicht liefern auch die Richtlinien und Lehrpläne für die Grundschule in Nordrhein-Westfalen – Evangelische Religionslehre, Düsseldorf 1985. – Unter dem Stichwort „Schule als Lebens- und Erfahrungsraum" wird dargelegt, wie bedeutsam es ist, „daß die Schule den Kindern Möglichkeiten eröffnet, ... Gottesdienste, Feste und Feiern mitzuplanen ..." (S. 16).

Aus einer biblisch begründeten ganzheitlichen anthropologischen Sicht, die das Kind mit „seiner ganzen Person" würdigt, wird abgeleitet:

„Feste und Feiern erschließen als Ausdrucksformen lebendiger Gemeinschaft erlebnisnah die christliche Glaubenswelt und machen sie für Kinder erfahrbar. Vorbereitung und Durchführung eines Schulgottesdienstes, einer Ausstellung oder anderer den Unterricht übergreifender Aktivitäten ermöglichen es, Erfahrungen an andere weiterzugeben. Zudem bieten sie jedem Kind Gelegenheit, sich entsprechend seiner besonderen Fähigkeiten zu beteiligen.

Durch solche Unterrichtserfahrungen erhalten die Kinder Ermutigung und werden befähigt, gegensätzliche Alltagserfahrungen zu bestehen und nach ihren Möglichkeiten beim 'Gottesdienst im Alltag der Welt' mitzutun" (a.a.O. S. 22).

Rheinland-Pfalz

„Am Beginn und Ende eines Schuljahres können Schulgottesdienste der Kirche und Religionsgemeinschaften gehalten werden. Der Unterrichtsausfall soll in der Regel eine Unterrichtsstunde nicht überschreiten.

Für allgemeinbildende und berufsbildende Vollzeitschulen, innerhalb deren Stundentafeln Religion Unterrichtsfach ist, kann einmal wöchentlich während der Zeit der üblichen ersten Unterrrichtsstunden ein Schulgottesdienst gehalten werden. Wird von dieser Möglichkeit Gebrauch gemacht, hat der Unterricht an diesem Tag zu dem Zeitpunkt zu beginnen, an dem an den übrigen Tagen die zweite Unterrichtsstunde anfängt. Dieser Schulgottesdienst tritt nicht an die Stelle einer in den Stundentafeln vorgesehenen Unterrichtsstunde ...

Es ist statthaft, daß für einzelne Klassen oder Stufen einer Schule der Schulgottesdienst gesondert an unterschiedlichen Wochentagen gehalten wird.

Der Besuch des Schulgottesdienstes ist Schulveranstaltung; die Teilnahme ist für Lehrer und Schüler freiwillig.

Haben sich die Kirchen im Benehmen mit dem Schulleiter vor Beginn der Sommerferien auf einen bestimmten Wochentag, an dem der Schulgottesdienst stattfinden soll, geeinigt, so trifft der Schulleiter die erforderlichen stundenplantechnischen Maßnahmen für das neue Schuljahr."

(Verwaltungsvorschrift des Kultusministeriums vom 9. Mai 1990 [914A – 51253/30 – zit. in: Amtsblatt des Kultusministeriums von Rheinland-Pfalz Nr. 8/1990, S. 267])

Saarland

„Die Schulgottesdienste gelten als Schulveranstaltungen. Die Teilnahme am Schulgottesdienst ist für Lehrer und Schüler freiwillig. Der Weg vom Schulgottesdienst zur Schule unterliegt der Aufsicht der Schule. Der Schulleiter hat die für die Durchführung der Aufsicht erforderlichen Maßnahmen zu treffen.

Zu Beginn und Ende eines Schuljahres sowie aus besonderen Anlässen können Schulgottesdienste der Kirchen und Religionsgemeinschaften stattfinden. Der Unterrichtsausfall soll in der Regel eine Unterrichtsstunde nicht überschreiten.

Für allgemeinbildende und berufsbildende Vollzeitschulen, an denen der Religionsunterricht ordentliches Lehrfach ist, kann einmal wöchentlich ein Schulgottesdienst stattfinden. Dieser wird in der Regel während der Zeit der ersten Unterrichtsstunde gehalten. Er tritt nicht an die Stelle der in den Stundentafeln vorgesehenen Unterrichtsstunden ...

Es ist zulässig, den Schulgottesdienst für jeweils eine Stufe einer Schule gesondert zu halten. Sofern die Durchführung des Unterrichtsplanes nicht gestört wird, kann für die anderen Stufen der Schule in der gleichen Woche Schulgottesdienst stattfinden.

Nach Fühlungnahme mit den Religionslehrern legen die Schulleiter die Zeiten für die Schulgottesdienste im Benehmen mit dem Elternbeirat der Schule und im Einvernehmen mit den zuständigen örtlichen kirchlichen Stellen fest. Die Zeiten für die Schulgottesdienste sind in den Schulen bekanntzugeben ..."

(Erlaß betr. Schulgottesdienst vom 11. April 1968 GMBl. Saar, S. 90, zit. nach: Schulrecht Saar, Erg.-Lfg. 18 v. Oktober 1984, Luchterhand, S. 61)

Religionsunterricht praktisch

**Unterrichtsentwürfe und Arbeitshilfen für die Grundschule
Herausgegeben von Hans Freudenberg**

---

1. Schuljahr

168 Seiten mit zahlreichen Abbildungen, Liedern
und Kopiervorlagen, DIN A4, kartoniert
ISBN 3-525-61293-1

Didaktisches Stichwort: Sehen
Unterrichtseinheiten: Anfangen: Wir lernen uns
sehen; Wie Jesus die Menschen sieht; Verlorenes
wird von Gott gesehen; Von Menschen, die sehen
gelernt haben; Weihnachten; Abraham; Beten;
Ostern; Gottes Schöpfung entdecken; Kinder in
anderen Ländern

2. Schuljahr

175 Seiten mit zahlreichen Abbildungen, Liedern
und Kopiervorlagen, DIN A4, kartoniert
ISBN 3-525-61295-8

Didaktisches Stichwort: Gehen / Unterwegs sein
Unterrichtseinheiten: Wege gehen - Brücken bau-
en; Der verlorene Sohn; Damals in Kapernaum;
Jesu Spuren folgen; Weihnachten; Josef; Psalm 23;
Passion; Ostern; Menschen gehen neue Wege

3. Schuljahr

208 Seiten mit zahlreichen Abbildungen, Liedern
und Kopiervorlagen, DIN A4, kartoniert
ISBN 3-525-61296-6

**Didaktisches Stichwort: Leben in einem Haus –
Türen öffnen**
Unterrichtseinheiten: Kirche; Gleichnisse; Evange-
lisch - Katholisch - Ökumene; Weihnachten; Mose;
Israel als Königreich; Beten; Pfingsten; Miteinan-
der leben; Bibel

4. Schuljahr

188 Seiten mit zahlreichen Abbildungen, Liedern
und Kopiervorlagen, DIN A4, kartoniert
ISBN 3-525-61326-1

Didaktisches Stichwort: Leben suchen
Unterrichtseinheiten: Schöpfung; Dritte Welt;
Noah; Friede; Weihnachten; Brot des Lebens;
Tod und Auferstehung Jesu; Sammlung und Aus-
breitung der Gemeinde; Jona; Muslime.

Alle Bände sind nach einem immer wiederkehren-
den Prinzip aufgebaut:

Einleitender *Essay* zur theologischen und didakti-
schen Erschließung des Gegenstandes;
Intentionen;
Literatur zur Vorbereitung
Hinweise auf *Verknüpfungen* mit anderen Schuljah-
ren bzw. Lernbereichen
Verlaufsplanung
Thematisierung des Gegenstandes in *Schulbüchern
und Medien.*

**Vorzugspreis bei Abnahme der Bände 1–4
zusammen. ISBN 3-525-61299-0**

Folien

1.–4. Schuljahr
1992. 40 farbige Folien mit 55 Motiven (inklusive
Ringbuch). ISBN 3-525-61325-3

Teilausgabe 1.–2. Schuljahr
1992. 20 farbige Folien (ohne Ringbuch).
ISBN 3-525-61332-6

Teilausgabe 3.–4. Schuljahr
1992. 20 farbige Folien (ohne Ringbuch).
ISBN 3-525-61329-6

Schulgottesdienste

mit Religionsunterricht praktisch
Entwürfe und Modelle für Grundschule und
Sonderschule (Klasse 1–4).
Herausgegeben von Hans Freudenberg
Band 1: 1994. 163 Seiten mit zahlreichen Kopier-
vorlagen, DIN-A 4, kartoniert. ISBN 3-525-61337-7

V&R
Vandenhoeck
& Ruprecht